学校グループワーク・トレーニング 4

もっと知りたいな，あなたのこと，わたしのこと

日本学校グループワーク・トレーニング研究会 著

図書文化

図書文化社版　発刊に寄せて

　私たち日本学校グループワーク・トレーニング研究会（発足時は横浜市学校グループワーク・トレーニング研究会）は，1987年4月にグループワーク・トレーニング（以下GWT）研究の第一人者である坂野公信氏のご指導の下，発足しました。坂野公信氏が成人を対象に行ってきたGWTの有効性を認め，GWTを学校教育の中に取り入れていくことを目的に，現在も活動を続けています。

　これまで（株）遊戯社の木内宣男氏のご協力を得て，4冊の本を発刊することができました。会員のそれぞれが学校現場で実践を積み重ねた財（実習）や考え方を載せたものです。

　その後，時代の変化に合わせ本の改訂にも取り組みました。

> ○学校グループワーク・トレーニング（1989年初版）
> 　改訂　学校グループワーク・トレーニング（2009年改訂第1刷）
> ○協力すれば何かが変わる＜続・学校グループワーク・トレーニング＞（1994年初版）
> ○学校グループワーク・トレーニング3（2003年初版）
> ○学校グループワーク・トレーニング4（2014年初版）

この度，遊戯社より引き継いで，これらの本を図書文化社から発刊していただけることになりました。表紙や装丁などに少し変更した部分はありますが，内容は今までと同じです。

最後になりましたが，これまでご指導いただいた故坂野公信氏，本の作成にご協力いただいた故木内宣男氏，引き続き本を発刊してくださることにご尽力いただいた図書文化社の皆様に感謝申し上げます。

2018年8月

日本学校グループワーク・トレーニング研究会
会員一同

「学校グループワーク・トレーニング」を手にとっていただいた皆様へ

> ・GWTのねらいは，集団に積極的に参画し，責任を分担する協働者を養成すること。
>
> ・GWTでは，自らの気づきによって，自ら行動変容することを求めている。また，一人一人が成長していくとともに，集団も成長していくと考えている。「個」と「集団」の両者の成長を大切にしている。

　私たちは，子どもたちに「協力をしましょう」ということを投げかける場面があると思います。この「協力」という言葉は意味が広く，具体的にどのような協力をすればよいのかということを，子ども自身はわからないことがあります。

　そこで，具体的にどのようにすればよいのかということを子どもたちが体験的に学べる方法の一つとして，学校GWT財（実習）を開発し，実践してきました。

　学校GWTでは，グループで課題を解決する活動を行います。この活動では，協力をしない（互いに関わらない）と解決ができない課題や手順，ルールを設けています。活動後に必ずふりかえりの時間を設けます。このときにふりかえりシートを使うなど文字で書き表すことにより，自分の気づきをより明確にできるようにします。

　活動のふりかえりでは，課題解決のプロセス（過程）に着目し，互いのどのような具体的行動が課題解決に役立ったのかを話題にします。そして，それぞれの気づきをグループや全体で共有していきます。同時に関係（集団の形成と維持）のプロセスにも着目します。賛成したり，励まし合ったりなど，ちょっとした関わり合いがグループの雰囲気を和らげたり，グループの凝集性を高めたりし，互いの関係性が変化していることに目が向けられることが望ましいと考えます。

　このような活動のふりかえりの中で，「自分がやってよかった」「友達が気づいてくれてうれしかった」などの思いを子どもがもてることが，自尊感情の高まりにつながっていきます。そして「もっと自分にできることをしていこう」と積極的に集団に関わっていこうとする子どもになっていくのです。さらに，子どもが自分の気づきや他者の気づきから「共に活動するということはどのようなことか」や，「協力することのよさ（価値）」などがわかり，日常生活に生かしていこうとするところまで学校GWTではめざしています。

　私たちは，課題解決のプロセスでの学びと集団の関係づくりでの学びを両輪と考え，どちらも大切にし，子どもたちがいろいろな視点で気づきを得られるように，構成的に学校ＧＷＴ財を作成しています。あくまでも子ども自身の気づきを大切にし，常に指導者が自分のもつ価値観や方向性を無意識のうちに押しつけていないかどうか，ふりかえるように心がけています。

　書籍に掲載の学校ＧＷＴ財については，【留意点】を参考に子どもたちの実態に合わせ臨機応変にお使いください 。実践される際に不明点がありましたら，研究会へお問い合わせください。

2018年8月　　　　　　　　　　　　　　日本学校グループワーク・トレーニング研究会

　　　　　　　　　　　　　　　研究会ホームページ　http://japanschoolgwt.jimdo.com/

はじめに ── この本をつかうあなたに

　日本学校グループワーク・トレーニング研究会は，子どもたちが豊かな人間関係を築き，生き生きと生活することをめざして1987年に始まりました。

　わたしたち，日本学校グループワーク・トレーニング（GWT）研究会では，GWTのねらいを「集団に積極的に参画し，責任を分担する協働者を養成する」ととらえています。

　GWTでは，教師が子どもに何かを教えるのではなく，子ども自身が自分で気づくことが重要です。自分の考えたこと，感じたこと，友だちの言葉，教師の言葉などをきっかけにさまざまなことに気づきます。たとえば，次に示す3つの気づきであり，それによって，自ら行動変容していくことを求めています。人の成長は他者が外から変えるものではなく，自らが内から変えるものと考えているのです。

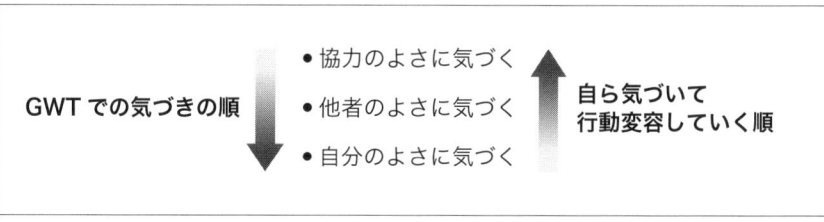

※「よさ」とは，「個性」のことです。

　また，自らの気づきによって，それぞれの子どもが成長していくとともに，集団も成長していくと考えています。「個」と「集団」の両者の成長を大切にしています。

　学校GWTでは，さまざまな気づきを授業の一単位時間（45〜50分）のなかで体験的に学ぶことができるようになっています。詳しくは第3部をご覧ください。

　今回は，新たに『知り合う』という分野をつくりました。初めての集団のなかに入ったときに，自分から話しかけることができない，なかなか関わりをもつことができない，他者に対しての関心が薄いという子どもがいます。この「知り合う」という財をきっかけに進んで関わりをもてる子どもになってほしいと思います。

　本書は，3部構成になっています。
　第1部「明確なビジョンをもとう！」では，自分の担当する集団の現状をふりかえることができるようになっています。問題点は何か，どんな姿をめざす

のか（ねらい）を明確にすることが，よりよい援助をするための第一歩です。

　第2部「GWTを実践してみよう！」では，ねらい別の財のすすめ方を紹介しました。留意点，ミニミニ実践例など，現場でより有効に活用できるよう，実践者の生の声が書き加えてあります。

　第3部「How to 援助（Enjo) y（理論＆実践編）」は，もう少し詳しい理論と，そのさらなる有効な活用のための手立てを知りたい方におすすめです。また，どうしてその財をすることにしたのか，子どもたちがどのような反応をしたのかなど，もう少し具体的に知りたい方のために実践報告もつけましたので，実施するうえで参考にしていただきたいと思います。

　第1巻『改訂学校グループワーク・トレーニング』，第2巻『協力すれば，何かが変わる〈続・学校グループワーク・トレーニング〉』，第3巻『学校グループワーク・トレーニング　3』と併せて，少しでも教育現場で役立てていただければ幸いです。

　最後に，本書の出版，企画及び編集作業にご尽力いただいた遊戯社の木内宣男社長に心から感謝の意を表します。

2013年10月　日本学校GWT研究会　会員一同

も く じ

第1部　明確なビジョンをもとう！

第2部　GWTを実践してみよう！（GWT財マニュアル）

第3部　How to 援助（Enjo）y（理論＆実践編）

▶ 第 1 部 ◀
明確なビジョンをもとう！

こんな子どもに育てたい〈自己診断テスト〉

スタート！

学級開きだ！
（学級や学期の始まり）
（遠足や修学旅行など）
（係活動や生活班など）
・活動の始めに！
・活動のまとめに！

集団から
孤立している子がいるなあ
・いつも自分の思いどおりに
　やろうとする子
・いつもひとりぼっちで
　しょんぼりしている子

話し合いがうまくいかないなあ
・自分の意見ばかり主張する子
・自分の意見を言わない子
・自分の意見を言えない子

集団の雰囲気が気になるなあ
・今ひとつ盛り上がりにくい雰囲気
・冷めた雰囲気

集団生活の充実
●集団で活動する楽しさを知ってほしい
●活動をとおして達成感を味わってほしい

メンバーどうしの関わり
●活動をとおして，協力する楽しさを知って
ほしい
●役割分担の大切さに気づいてほしい

「聴く」大切さ
●友だちの意見が聴けるようになってほしい
●理解するために確かめたり，質問したりし
てほしい

「話す」大切さ
●必要なことが話せるようになってほしい
●自己主張できるようになってほしい

「よさ」
●協力する「よさ」
●友だちの「よさ」，自分の「よさ」

「学び合う」大切さ
●自分の考えを広げたり，深めたりしてほしい
●「学び合う」よさに気づいてほしい

始める前に，ちょっと自分をふりかえってみましょう。あなたのめざすビジョンは何ですか？

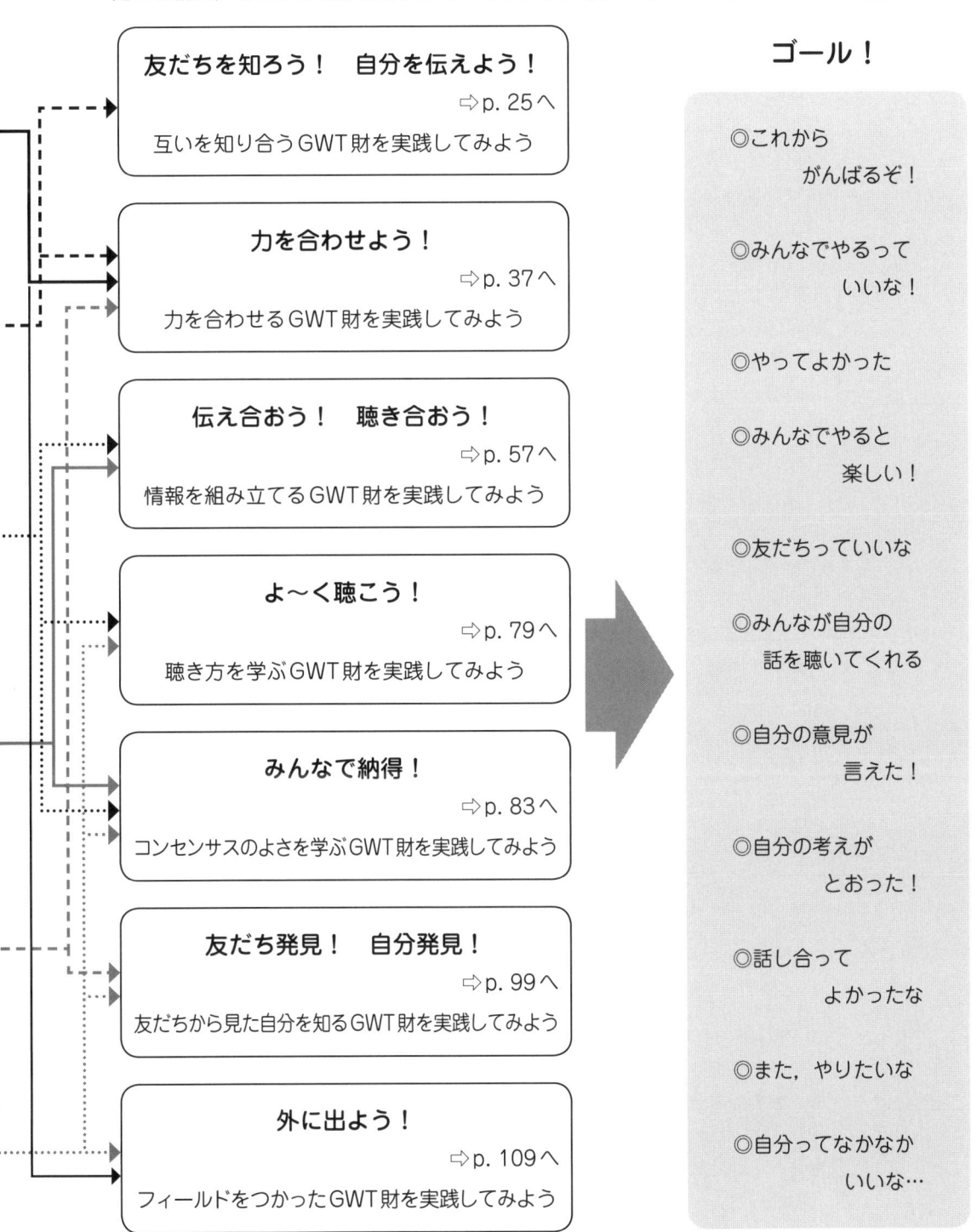

友だちを知ろう！　自分を伝えよう！

⇨p. 25へ
互いを知り合うGWT財を実践してみよう

力を合わせよう！
⇨p. 37へ
力を合わせるGWT財を実践してみよう

伝え合おう！　聴き合おう！
⇨p. 57へ
情報を組み立てるGWT財を実践してみよう

よ〜く聴こう！
⇨p. 79へ
聴き方を学ぶGWT財を実践してみよう

みんなで納得！
⇨p. 83へ
コンセンサスのよさを学ぶGWT財を実践してみよう

友だち発見！　自分発見！
⇨p. 99へ
友だちから見た自分を知るGWT財を実践してみよう

外に出よう！
⇨p. 109へ
フィールドをつかったGWT財を実践してみよう

ゴール！

◎これから
　　がんばるぞ！

◎みんなでやるって
　　　いいな！

◎やってよかった

◎みんなでやると
　　　楽しい！

◎友だちっていいな

◎みんなが自分の
　　話を聴いてくれる

◎自分の意見が
　　　言えた！

◎自分の考えが
　　　とおった！

◎話し合って
　　　よかったな

◎また，やりたいな

◎自分ってなかなか
　　　いいな…

Ⅰ．互いを知り合うGWTとは

　　　最近の子どもたちは，課題や話題に対する自分の考えや意見を言う経験はたくさんあっても，「自分のこと」を相手に伝える経験は十分とはいえません。また，「自己紹介をしよう」と投げかけられても，何をどう紹介していいかわからない子，自分自身のことがよくわからないという子も見かけます。そのままにしておいて，子どもたちどうしの関わりが自然に進んでいくでしょうか？　残念ながら，子どもたち自身では友だち関係を広げたり深めたりしようとせず，そのまま夏休みまで過ごしてしまう場合があるのです。

　　　「互いを知り合うGWT」は，関わりのきっかけをつくるのに有効です。年度始め，子どもたちは，どんな友だちができるだろう，どんなクラスだろうと，希望と同時に不安や心配も抱えています。また，「今度の学年ではがんばる」などと思っていても，ちょっとしたうわさ話を引きずって，周囲から狭い固定観念で見られてしまう子もいます。

　　　「互いを知り合うGWT」では，「今，ここ」に焦点を当てます。

　　　子どもどうしの関係を促進するために，次の点を意識しながら，「互いに親しみが湧く」という場づくりになるようにすることを勧めます。

1.「わたしと同じ」「ぼくといっしょだ！」という共感

　　　初めて出会う人と，好きなもの，キャラクター，食べ物，事柄，経験など，同じだったことがわかったときに喜びを感じます。思わず笑顔になります。同じだったことが，5，6人のグループでたった2人だったとき，意外なものが好きだとわかったとき，ぐっと親近感が湧きます。また，同じ不安を感じていたり，心配していたりすることがわかったときには，「自分だけじゃなかった」とほっとします。

　　　しかし，これらの共通点は見ただけではわからないことです。小さなやりとりのなかから自分との共通点を発見したとき，一気に相手との距離が縮まる感じがします。これらを見つけるのは子ども自身です。共通点を見つけられる場として，「互いを知り合うGWT」を提供するのです。

2.「へえ，そうなのか」「え，そうだったの？」「すごいなあ」という発見

　　　やりとりをしながら，その友だちについて驚くような発見をすることがあります。駅名やキャラクターの名前，野球などに詳しい知識をもっていることがわかったとき，見た目とのギャップがあるようなことがわかったときなど，そこには驚きとともに尊敬の念が表されることもあります。

　　　驚かれた人は，自分を認められた感じがして，ちょっとうれしい気持ちになります。そのことについて自分に自信を感じることもあります。しかし，どんな事

柄について発見の驚きを感じるかは，決まっていません。たくさんの発見ができるよう，項目を工夫したり，増やしたりすることが教師の支援として考えられます。

3. 「やっぱりそうかあ」「そうだと思ってたんだけど……」という納得

　「やっぱりそうかあ」「そうだと思ってたんだ」という感想は，やりとりの前に，あるいはやりとりの早い段階で，推測していたことが確かめられたときにもつものです。そう感じた事柄が，自分とのうれしい共通点だったとき，それこそ，関わりは一気に促進されるでしょう。納得感をもてるような関係を促進したいとき，上記の2項目より，もう少し深いやりとりの場が必要になることが考えられます。

　学年や子どもたちの実態，そして，そこから，GWT実施者がどのような課題を感じ，どのように子どもどうしの関係づくりを進めていきたいかによって，実施する時期や課題の問いかけを工夫する必要があります。子どもの実態に即した進め方をしたいならば，年度始めだけに限定する必要もないかもしれません。子どもどうし，知っていると思っていたのに自分の思い込みだったことを発見したり，自分が友だちからどのように感じられているかを発見したりする機会になることもあるからです。

　ここでは4つの財を紹介しています。
- 自分の興味関心のある事柄をクイズ形式で出し合いながら知り合う，『わたしのすきなもの』
- 心にある，率直な気持ちや感情，「こんな一年にしたい」「こんなクラスにしたい」などといったと希望，「どんなクラスかな？」「知らない子ばかりだったら……」「友だちができるかな……」などといった不安や心配を見つめ，表現し，わかちあい，互いの心の内を知り合う，『今，思うこと』
- 相手の見た目だけで想像し，どうしてそう感じたかを打ち明けた後，「実は……」と種明かしをすることで新発見や再発見をする『きいてびっくり！　へぇ～なるほど』
- インタビューをしながら，知り合い，それを他己紹介する『はじめましてインタビュー』

Ⅱ. 力を合わせるGWTとは

　学校生活のなかには，グループで話し合ったり，活動したりすることがたくさんあります。授業中の話し合いや，学級活動，給食の準備や清掃など，グループ活動の連続といってもいいかもしれません。

　わたしたちは，そのときに「協力するのですよ」と，子どもたちに言うのですが，なかなかうまくグループ活動ができているとはいえないように思います。それは，子どもたちが，「協力しなさい」と言われたときに，具体的にどのようなことをしたら協力になるのかが，わからないからではないでしょうか。この「力を合わせるGWT」では，まさに，協力の具体的な内容について学ぶことができるのです。

1. リーダーがいること

　グループでの話し合いを始めると，自然に中心になって話をまとめようとする人が現れてきます。この人がこのグループのリーダーといえるでしょう。でも，いろいろなことをしようとするとき，自然にリーダーが現れるのを待っていたのでは，十分に活動できないことが多いと思われます。

　どんなに小さな集団（2〜3人）でも，目標の達成や課題の解決のために，グループ全体を見渡していくリーダーが必要となり，その人を中心に集団は組織化されていきます。リーダーは，活動の内容について，意見を求めたり，話し合いをもったりすることもあるでしょう。また，人手の足りないところや，仕事が思うように進んでいないところを，改善するように働きかけていくこともあるでしょう。リーダーを置くことによって，効率的に仕事を進めていくことができるのです。

　次に，リーダーを誰にするかを考えることになります。リーダーは，一人に固定化されるものではなく，そのときの状況や課題によって変わっていくと考えています。いいかえれば，誰でもリーダーの素質をもっているということです。そして，リーダーがリーダーシップを発揮し，メンバーがメンバーシップを発揮することによって，よりよいグループ活動がなされるのです。リーダーといっても決してメンバーに対して傍若無人に振る舞う権威者のような存在ではありません。

　具体的に，リーダーやメンバーが担う役割については，巻末（p. 144）の機能的リーダーシップをご参照ください。

2. 目標が全員にわかっていること

　そのグループで，目的や目標がはっきりとわかり，何のために活動するのかをメンバー全員が知っているということが大切です。

　目的や目標がはっきりし，その意味をグループの全員が理解していれば，手が

けているものは違っても，それぞれの活動を理解し，それぞれの立場から考え，活動することができるので，一人の人が考えて他の人に指示を出していくよりも，より短時間に充実した内容のものを完成させていくことができるのです。

3. 役割を分担すること

また，その目標に到達するための方法や手順の決定についても，メンバー全員が関わり，確認し，理解していることが有効です。全員で確認・決定することによって，自分がこの場で何をすることがグループのためになるかを，的確に考え行動することができるからです。

目標に達するための方法や手順を決めるときに大切なこととして，仕事を分担すること，作業の見通しをもち時間管理をすることがあります。一人ですべての仕事をすることは，難しかったり時間がたくさんかかったりします。課題をよりはやく正確に，そしてよりよいものにするためには，分担が大切です。どのような仕事があり，どれくらいの人数が必要か，誰が担当するのか，いつまでに仕上げるのかということを考えながら，計画を立てていきます。

4. 仕事の進み具合をお互いに知っていること

作業や活動を進めていくなかで，その進み具合を，お互いに知っているということも大切です。単にどこまでできたかということもあるでしょう。また，作業を進めるなかで，新しい発見があったり，よい考えが浮かんだり，問題にぶつかったりとさまざまなことが起きてくると考えられます。起きたことによっては，その活動を進めるうえで手順や方法を再検討する必要があるかもしれません。そのときにも，情報が共有されることが必要です。状況や変更する内容を，リーダーだけでなく，メンバー全員が知っていることによって，よりよい解決策が生み出され，グループとしての活動が，円滑に行われていくのです。

5. お互いに助け合うこと

役割分担によって，自分が担当になったことを責任もって成し遂げることが基本になります。しかし，場合によっては，他の担当の人が手伝ったり，仕事が思うように進まないところに新しい情報やアイディアを提供したり，グループ全員で助け合っていくことも必要です。

Ⅲ. 情報を組み立てるGWTとは

　わたしたちは，あふれる情報のなかで暮らしています。そこで，たくさんの情報の中から自分に必要なものを選び出し，生活に取り入れていくことが必要になってきています。

　しかし，自分に必要な情報はあっても，それが整理されて入ってくるのではなく，さまざまなものが順序不同で流れてくるのです。これを取捨選択し，再構成しなくてはなりません。

　グループで課題に取り組むときにも課題を解決するために，さまざまな情報から必要なものを取り出し，共有化することが大切な要素になってくると考えます。

　この章に紹介してあるGWT財は，すべて，グループ一人ひとりのもっている情報（〈情報カード〉に書かれた内容）をお互いに伝え合い，それぞれの情報を組み立て，協力し合って課題を解決することを目的としています。この「情報を組み立てるGWT」を行うことで，子どもたちは，情報を整理したり共有したりしていく方法を学ぶでしょう。

　そのためには，次のようなことが大切だと考えられます。

1. 情報の内容を理解する

　まず，それぞれの人が，自分のもっている情報を正しく把握することから始まります。情報は，わかりやすい形になっていることもありますが，そうでないことも多く，何が大切であるかを見極めていかなくてはなりません。また，そのとき必要ではないと判断した情報でも，話し合いが進むうちに大切なことだとわかるときもあります。

2. 人の話をよく聴く

　いろいろな情報が流れてきたときに，わたしたちは，過去の経験と照らして，その物事をとらえます。そのときに，ややもすると，その先入観によって，情報を的確にとらえることが難しくなることもあります。情報を正確にとらえるために，先入観にとらわれず，相手の言うことをきちんと聴くことが必要でしょう。相手の言うことを，自分のもっている情報やグループに与えられた課題と関連づけて聴くことも大切です。そして，自分の理解したことを確かめたり，わからないことを質問し明らかにしたりすることが必要です。

3. 的確に話す

　子どもたちのなかには，話すことが苦手な子や，人前で話すということに抵抗のある子がいます。この「情報を組み立てるGWT」では，自分がもっている情報を話さないと課題が解決できないようになっているので，自分のもっている情

報をまずみんなに伝えていかなければなりません。さらに，情報を共有するための話し方も大切です。要点をもらさず，短い時間で説明していくことが望まれます。また，事実と推測，仮定と自分の考えをはっきり分けて話していくことも必要でしょう。

4. 情報を共有化する

それぞれが読み取った情報を発表し合ったり，互いの理解を確かめ合ったり，わからないことを質問し合ったりしながら，どんなことが書かれているのか，何を解決すればよいのかなどを，明確にし，内容を理解していきます。

5. 組み立てる

もっている情報がわかったら，課題解決のために何から調べていけばよいのか，情報のなかの何に着目したら解決できそうか，どういうふうに調べていくのが効果的かなど，手順や方法を話し合います。そして，集まってきた情報が，どのように関連しているかを，グループの全員で解き明かしていきます。

このときに，それぞれの人が一人で考え，一人で解決するのではなく，グループの全員で解き明かしていくということが大切なのです。どうしてそうなったのかという過程を全員が知っているということです。このことがスムーズに行われると，「数人の人が解いてしまって，自分は参加することができなかった」ということがなく，グループの全員がその解決に納得することができるのです。そのために，場合によっては，「グループの全員が，なぜそうなったのか，説明できるようにしましょう」などの条件をつけることもあります。

この課題解決までの過程にメンバー一人ひとりが関われば関わるほど，達成感やそのあとの活動への意欲も高まってくるのです。

Ⅳ. 聴き方を学ぶGWTとは

1. 先生は子どもたちに，話を聴くことの大切さをしっかり教えているか

　　わたしたちは，学校で子どもたちに「人の話を聞こう」「先生や友だちの話を
きちんと聞きましょう」などとよく言っています。どこの学校でも，人の話をき
くことのできない子どもはいます。発達段階からいっても，まだ自分中心の考え
方しかできない子どももいるでしょう。

　　よく話をきかない子どもを注意したり，叱ったり，諭したりする場面を見かけ
ますが，話をきくということの大切さを教えるのであるならば，口で言うよりも
子ども自身が体験して聴くことの大切さに気づいた方がよいのではないでしょう
か。

　　しかし，先生が聴くことの大切さを教える方法を知らないために教えていない
ということはないでしょうか。「聴き方を学ぶGWT」は，このためにつくられた
財なのです。

2. 聴くことの大切さに気づいた子どもはどう変わっていくか

　　聴くということは，人と人とのコミュニケーションの第一歩です。聴くことに
よって，その人を理解できるのです。また，聴くということは，状況把握の重要
な手段でもあります。聴くことは今まで以上に判断力を増すことにもつながるの
です。

　　聴くことの大切さに気づいた子どもは，それ以後のグループ活動での態度が少
しずつ変わっていきます。今まで以上に相手や周囲の状況を深く理解できるよう
になります。そして，このことに気づいた子どもがクラスのなかに多ければ多い
ほど，そのクラスは互いに理解し合い，協力するようになっていくでしょう。

3. 聴くことの難しさにも気づく

　　子どもたちでなくても，わたしたちは自分の言うことに夢中で，なかなか人の
話は聴けないものです。また，話し手への先入観や好き嫌いによって聴き方が変
わってきたり，人の話を自分なりの枠組みのなかで判断しながら聴いて，話し手
が伝えようとすることとは違うように受け取ってしまうこともあります。学校で
も，聞き違いから，誤解や喧嘩が起こることもあるようです。

　　このことを「聴き方を学ぶGWT」のふりかえりで気づく子も多く，気づいた
子は，今まで以上によく聴こうとするでしょうし，逆に話す立場になったときに
も今までよりわかりやすく話そうと工夫するでしょう。

4. 人の話をしっかり聴くために

　　そこで，「聴き方を学ぶGWT」では，次のようなことに気づいてほしいと考え

ています。

① 話し手が伝えようとすることを間違いなく受け取るためには，最後の言葉ま
で集中して聴くことが大切であること。

② 聞き返したり，質問したりするなどして，よくわからないところをはっきり
とわかるようにすることが大切であること。

③ 人の話を聴くとき，自分の思い込みによって，話し手の意図することが正確
に伝わらないことがあること。

④ 話し手によっても，いろいろな伝え方があること。

　　以上のことに気づきながら，お互いに考えを正確に伝え合ったり，受け止め合
ったりすることで，共通理解を深めていけるのだと考えます。

5. いい聴き方のポイント

- からだを相手に向ける
- 最後まで聴く
- 関連づけて聴く
- 相手の目を見る
- 確認する
- 先入観をもたない
- うなずく
- 質問する
- 相手の立場に立って聴く
- 返事をする

　　　　　　　　　　など

V. コンセンサスのよさを学ぶGWTとは

　「みんなで決めたことなのに……」と，きまりが守れなかったり，協力してやるはずなのに準備を始めるとクラスのみんなが手伝わなかったり，決定したことにあとでブツブツ文句を言ったり，陰で不満をこぼすことなど，よくあることです。

　集団における意思決定には，さまざまなタイプがあると考えます。

○反応のない決定：日常的によく行われている決定のしかたです。誰かが何かを提案して，誰も反応（意見）しないまま，なんとなく決まってしまいます。

○権限による決定：学級でいえば，先生による決定がこれに最も当てはまるのではないでしょうか。また，サッカーや野球などの課外活動で活躍している子に，そのことについての決定を委ねるといった決定のしかたです。その分野の得意な子どもなので，それについてはまちがいが少ないといえます。

○少数者による決定：メンバー合意のうえで2，3人に決定を委ねます。委ねることを納得しているので後で問題が起こることは少ないといえます。しかし，2，3人が示し合わせて決めてしまうこともあるかもしれません。

○多数決による決定：選挙や投票といった，お互いの考えがわからないままに決定してしまう方法と，ある程度討議をした後，多数決を採って決定する方法があります。

○コンセンサス（合意）による決定：後述。

○全会一致による決定：メンバー全員がまったく一つの意見になる決定ですが，不可能に近いと思われます。

　どの決定のしかたが正解，ということはありません。いろいろな決定のしかたがあり，そのときそのときに応じて使い分けてわたしたちは生活しています。

　「コンセンサスのよさを学ぶGWT」は，多数決によらず，コンセンサス（合意）という方法のよさを体験し，毎日の生活のなかで，何かを決定するときに積極的にコンセンサスという方法をつかおうとする子を育てることがねらいです。

※参考文献：津村俊充・山口真人（2006）『人間関係トレーニング』（第2版）ナカニシヤ出版

1. なぜコンセンサスが大切か

　集団決定にコンセンサスconsensus（合意＝互いに説得し合いながら，考えを練り上げる）がなぜ大切かというと，人は誰でも自分の考えを人に押しつけがちになり，無理矢理納得させようとします。メンバーがそれぞれ自己主張ばかりしていたのでは，グループがグループとしてのまとまりを欠き，存続しにくくなります。また，いつもがまんして強い意見に従っていたら，そのグループにいること自体いやになり，そういう人は抜けていきます。

また，そのときはそれなりに同じ考えだと思っていても，実は違う部分があり，何となく不満をもつようになることもあります。これは，しっかりした話し合いや納得がなかったからです。そこで，一人ひとりの人間はさまざまな意見，考え方の持ち主であることを知り，お互いに相手との相違点をはっきりさせ，相手の意見を認め，そのうえでお互いに相手を説得しながら，練り上げ，一致点を見出していき，合意していくことが必要になるのです。そうすれば，きっと今までのような，あとから不満が出たり，くいちがったり，協力できないということはなくなっていくと思います。

2.　コンセンサスによる集団決定の段階

　集団決定といっても，はじめから相互理解はできません。次のような段階を一つひとつ踏んでいくことで，相手への本当の理解が生まれ，相手に自分を知ってもらうことになるのです。

■第1段階　自分の考えを言う

　「わたしはこうしたい」という明確な主張をもち，わかりやすく話す（根拠をもつ）。つまり，「あなたはどうですか」ではなく，「わたしははこう考えている」ということを率直に言う。

■第2段階　メンバーの話を正確に聴く

　ただ「聞く」のではなく，相手の意図していることをありのまましっかり「聴く」。理由を聴いて，立場を理解する。互いの意見や考えの一致点や相違点はどこかを意識しながら聴くのである。もちろんわからないときには，わかるまで繰り返して質問したり，具体的なことがわかるような質問をしたりする。また，言いやすくなるような雰囲気をつくることも相手を理解するのに大切である。

■第3段階　お互いに説得し合い，考えを練り上げる

　お互いの意見の違いを明らかにして，説得し合う。この説得とは，お互いに自分の意見を押しつけたり，決めつけたりして，相手を言い負かすことではない。「説＝説明して」，「得＝納得して」もらうことである。そうして，お互いの意見のよさを認め合い，集団としての考えを練り上げていく。

■第4段階　合意する（決定）

　合意（決定）した内容に，全員が納得したかを確かめる。

　コンセンサスによる集団決定の段階を踏むと，そのあとでどのようなよさが残るのでしょうか。

○多数決のような勝ち負けの関係にならない：多数決では，A，B，Cという意見のなかからどれかを選んだり，いくつかを合わせたDという結論になったりしますが，A，B，Cのいいところを集めて，さらに新しい意見の加わったXという結論になる可能性があります。

○決定後の活動がスムーズになる：決定したことにみんなが納得しているので，そのあとの活動がスムーズになります。

Ⅵ. 友だちから見た自分を知るGWTとは

　集団のなかで個が認められることは，自分の存在価値をそこに見出すことです。ましてや，強い所属意識をもっている集団ならなおさらです。人は，「役に立つ存在でありたい」と願うものです。そのことを認められることで，ますます自分の力を発揮できたり，他者のことも許せるようになったりします。

　しかし，人は，自分や他者の短所は目につくことはあっても，長所やよさ（個性）はなかなか見つけにくいものです。そして，自分のよさを素直に認めることもなかなかできません。自己肯定感をもてず，苦しんでいる子どもをよく見かけることもあります。

　このGWT財では，友だちのよいところを見つけ，それを伝えるという活動をします。集団のなかで問題行動の目立ったAさんは，はじめ，なかなか自分のよさを認められずにいました。「みんなはうそつきだ」とも思っていました。ところが，この財を繰り返し実施するうちに，集団にもAさんにも変化が見られたのです。

　友だちは，Aさんのよさを，より具体的に見つけられるようになってきました。それによって，Aさんも，自分のよさを認めざるを得なくなってきたのです。そして，「みんなの言っていることはお世辞だと思うけど，みんなが自分のことをどう思っているかわかって，ほっとしました」と感想に書いたのでした。その後，問題行動は徐々に減っていきました。

1. 「よいところ」とは

　ここでつかわれている「よいところ」というのは，評価ではありません。つまり，答えがないということです。答えがないので，正解もなければまちがいもありません。そういう意味で，評価ではないということです。

　「その子らしさ」「個性」を「よいところ」と捉えています。互いの「よいところ（＝その子らしさ）」を伝えるときに，「〜で，よかった」という評価的なことを言葉にして伝えるのではなく，その子らしさを感じた場面やその子の行動，言葉かけを具体的に伝えます。その子らしいなあと感じた根拠を伝えるのです。

2. このGWT財の実施によって期待できること

⑴ 誰にでも，必ずよいところがあることがわかる

　ふだん，一人ひとりの友だちのことをじっくり考える機会はなかなかないものです。友だちのよいところを考えさせることによって，いつもと違う視点から友だちを見つめ直し，自分と同じように大切な存在であることに気づくことができます。

(2)　友だちを一人の人として認めることができる

　同じ友だちでも，他の子が挙げたその子のよいところを聞くことによって，今まで気づかなかった友だちの新しい面を発見することができます。そして，だんだん，友だちを見る視点が増えていくことになります。

(3)　人間関係が深まる

　相手の短所を許して，よいところを認められるようになります。そして，それは友だちと仲よくしていこうとする態度へとつながっていきます。

(4)　クラスの雰囲気が変わる

　人から認めてもらってよい気分になると同時に，友だちと互いに認め合うことができます。そうすると，あちらこちらで笑顔が見られ，自然にさわやかであたたかい雰囲気がクラスに生まれます。

(5)　自己成長のきっかけになる

　友だちから見た自分を知ることで，所属感が高まり，自分の存在価値やその集団での居場所を見つけられることになります。「自分もなかなかたいしたものだ」と思えることは，次の活動に向かっての原動力になるのです。自分の目標を行動レベルで具体的に考えられるようになります。

3.　友だちのよさを見つけられるようにするためには

　子どもたちは，最初から具体的な友だちのよさを見つけられるわけではありません。繰り返し行うことで，友だちのよさをいろいろな視点で見られるようになるのです。また，文章表現が十分でなく的確に書くことができない子，ふだん友だちとあまり関わっていないためによいところを見つけられない子，イメージがつかめない子など，いろいろな子がいます。

　子どもたちが友だちのさまざまなよさをたくさん見つけられるようになるために，教師の支援が大切であり，重要なのです。

　教師のアドバイス（支援）のヒントが，後述してあります。そちらもご覧ください（p. 100参照）。

Ⅶ. フィールド・グループワーク・トレーニング（F-GWT）とは

　今日，学校では自然教室や林間学校，修学旅行など，集団宿泊活動が行われています。修学旅行は社会科学習から体験学習に変わる傾向があり，活動内容も体験重視や五感をつかったプログラムが行われ始めています。また，ボーイスカウト，ガールスカウトや子ども会，自治会などの青少年団体は，さまざまな形で組織キャンプを行っています。キャンプの対象も幼児からお年寄りまで幅広くなっています。そしてジュニアリーダー，シニアリーダー研修会も活発です。

　これらはどれも人と人とのふれあいづくりが根底にあります。今までは，それを無意識的に行っていましたが，現在はそれを意識的にねらいをもって行うことが必要になったように思います。しかし，それを意識するがあまり，グループ活動についていろいろ悩んでいるのではないでしょうか。

　わたしたちは，野外で行う集団宿泊活動やキャンプの事前リーダートレーニングなどで，活用していただければとの願いでF-GWTを考えました。この学習プログラムが，グループ活動のさまざまな悩みの手助けになれば幸いです。

1. F-GWTの特徴は

(1) 自然を生かす。親しむことができる

　目から入ってきた情報やフィールドの特徴や，季節感を生かしたプログラムをつくることができます。

(2) 五感をつかったプログラムができる

　耳から入ってきた音や手で触った感触など，五感をつかったさまざまなプログラムをつくることができます。

(3) 他のグループに影響されることが少ない

　野外に出ることで，活動範囲が広がり，互いにグループの様子がわかりにくくなります。よって，そのグループで起きた課題は，自分たちで解決しなくてはならなくなります。

2. F-GWTがつかえる場面

(1) 学校でのグループ活動に

　学校の宿泊体験のなかで行われることを期待します。修学旅行や林間学校では，野外でさまざまなグループ活動が行われています。これらは教育活動の一環として行われていることから，F-GWTをつかって協力の方法，合意の方法，友だちのよさを知るよい機会になります。

(2) 地域，子ども会やボーイスカウト，ガールスカウトなどの行事に

　キャンプはもちろん野外で行われます。そして，それはグループ活動が中心であることから，人と人とのコミュニケーションのあり方が大切になってきます。同じメンバーで1回しか行われないキャンプ，繰り返して行われるキャンプなどさまざまです。しかし，始めるときは，初めて出会う人とグループを組むことになります。F-GWTを行うことで，より関わり合いをもつ機会を増やすことができきます。ただ野外炊事をするのでなく，野外の活動をより深めるためにF-GWTをするのです。ぜひ，ご活用ください。

(3) ジュニアリーダー・シニアリーダーや班付きリーダーなどのトレーニングに

　F-GWTを活用すると，キャンプの目的を達成するなかで，リーダーがキャンパーをどのように理解し，どのような考えで，どんな接し方をするかということに，気づけます。より楽しく豊かなキャンプをするためにプログラムをするいろいろな視点をもつことができます。机上で考えるのでなく，疑似体験をすることから，自分が経験して嬉しかったことをキャンパーにもしていけるようになります。よりよき支援者になるために，支援の仕方を学ぶために活用してほしいのです。そして，リーダーとキャンパーとの間で，また，キャンパーどうしのよりよい人間関係づくりに役立ちます。

3. F-GWTをより効果的につかうための留意点

(1) ミニF-GWT

　大きなフィールドに出るということは，半面，危険がともないます。安全配慮はもちろんのことですが，ルールが徹底されていなかった，課題解決が困難なときにアドバイスができなかったなど，後の祭りではすまされないことが多くあります。そこで，ミニF-GWTを用意し，アドバイザーが目に届く範囲で行い，一度ふりかえりをしたあとで，大きなフィールドへ出ることが効果的です。

(2) その場のフィールドの特徴を活かしてつかってほしい

　他の財と違って，簡単に準備ができません。本書をコピーして……というわけにはいかないのです。それがF-GWTの特徴でもあります。そこで，つくり方を載せました。ぜひ，フィールドの特徴を活かして，オリジナルをつくってください。

(3) 安全なこと

　F-GWTはアドバイザーの目の届く範囲におけません。事故は絶対にあってはなりません。複数の指導者で取り組むなど，安全には十分，気を配ってほしいのです。実地踏査をしたり，キャンプ場など管理者がいる場所なら，そこの管理者との打ち合わせは欠かせません。

第 2 部

GWTを実践してみよう！
（GWT財マニュアル）

Ⅰ　友だちを知ろう！
　自分を伝えよう！
（互いを知り合うGWT財）

1. わたしのすきなもの

[ね ら い]

1. 友だちの好きなものを聞くことにより共感できる。
2. 今まであまりよく知らなかった友だちとも仲よくしていこうとする気持ちをもつ。

[準備するもの]

1. 筆記用具　　　　　　　　　　各自
2. かだいシート　　　　　　　1人1枚

[時間配分]　　　　　　　　　　**45分**

1. 準備・説明　　　　　　　　　10分
2. 問題作成　　　　　　　　　　8分
3. 問題発表　　　　　　　　　　12分
4. ふりかえり　　　　　　　　　10分
5. ま と め　　　　　　　　　　5分

[すすめ方]

1. 準備・説明
〈かだいシート〉を配り，説明する。
「これから自分が好きなものを当ててもらうクイズをします。問題は果物，動物，給食のなかからつくります。プリントの四角のなかに言葉を入れて問題をつくります。練習の問題を出すので聞きましょう」
（黒板に書いてもよい）
[例]「野菜の問題を出します。色は赤です。
　　大きさは野球のボールくらいの大きさです。
　　私の好きな野菜は何でしょう」
　　（答え：トマト）
2. 問題作成
「それでは問題を考えます。時計の針が○まできたら終わりです」
（1問つくれればよい。早く書ける子どもは3問つくってもよい）

3. 問題発表
問題の出し方を説明する。
「鉛筆を置いて，プリントを裏返しましょう」
「グループ（4人前後）で問題を出す順番を決めましょう」
「1番の人の問題は2番の人が答えます。もし間違えたり，わからなかったりしたら他の人が答えてもかまいません。同じように2番の人の問題には3番の人が答えるというように続けていきます」
「1問ずつ問題を出して時間がまだあったら，2問目の問題を出しましょう」
「それでは始めましょう。時計の針が○まできたら終わりです」
4. ふりかえり
教師が項目を読み上げ，あてはまる場合に手を挙げるように指示する。
ア. ひとつでもクイズに正解した人
イ. 友だちの好きなものを聞いて，自分と同じものがあった人
ウ. 友だちの好きなものを聞いて，友だちのことをもっと知りたいなと思った人
エ. 他に思ったことや感じたことがあったら，発表してください。
5. ま と め
ねらいに沿ってまとめる。

[留 意 点]

- 〈かだいシート〉を書いているときに様子を見て回り，ヒントがわかりやすくなっているかを確かめるようにする。
- 席は前向きのまま行った方が，指示は通りやすくなる。グループで問題を発表し合うときに，前側の子どもが後ろ向きになればよい。

かだいシート

年 月 日 年 組 グループ名 名前

□の中に ことばを かいて もんだいを つくりましょう。

1. くだものの もんだいを だします。

色は [   ] です。

大きさは [   ] ぐらいです。

わたしのすきな くだものは なんでしょう。

2. どうぶつの もんだいを だします。
（左の□には 色 大きさ すんでいるところ なきごえなどを じぶんで かんがえて かきましょう）

[   ] は [   ] です。

[   ] は [   ] です。

わたしのすきな どうぶつは なんでしょう。

3. きゅうしょくの もんだいを だします。
（じぶんで もんだいを かんがえて かきましょう。ヒントは いくつかいて もかまいません）

[   ]

わたしのすきな きゅうしょくは なんでしょう。

2. 今，思うこと

[ねらい]

一人ひとりが，どんなこと感じ，考えているかを知り合うきっかけをつくる。

[準備するもの]

1. 画用紙（八つ切り）　　　1人1枚
2. クレパス　　　1〜2人に1セット

[時間配分]　　　45分

1. 準備・説明　　　2分
2. 実　　施　　　20分
3. 発　　表　　　20分
4. ま と め　　　3分

[すすめ方]

1. 準備・説明

① 説明をする。

「これから，自己紹介をします。今日は，画用紙とクレパスを使ってやってみましょう」

② 画用紙，クレパスを準備する。

2. 実　施

子どもたちの様子を見ながら，4つの項目について，絵や文で表現させる。

① 「まず，同じ広さになるように，クレパスで，画用紙を4つに区切ります。どの色を使ってもいくつ色を使ってもかまいません」

② 「区切った一つに，自分の名前と呼んでほしい呼び名を書きましょう」

③ 「2つめに，好きな食べ物か，好きな遊びをかきましょう。両方かいてもいいです。絵ででも，文で書いてもいいです」

④ 「3つめに，今年，自分ががんばりたいと思っていることをかきましょう」

⑤ 「最後の場所に，どんなクラスにしたいか，かきましょう」

3. 発　　表

① 3人組をつくって，発表し合う。3人にならないときは，教師が入る。

「3人グループになって，今，かいたことを発表し合いましょう」

② 2回，グループ替えを行い，同様に発表し合う。

4. まとめ

感想があればきく。教師も感想を言う。

[留意点]

- この実施の後に，教室掲示することで，互いに知り合う場となる。
- 学級開きのきっかけとしての場面を設定したが，学級の状態や行事に合わせて，かく内容を変えて行ってもよい。
- 気持ちや感情を，色や線で表すこともできる。自己表現に慣れていない子どもが多い場合，難しいかもしれない。
- 教師も説明しながら同じ項目について，表現することをお勧めする。ちょうど3人組ができた場合は，発表のモデルとして全体に向かって，自分を紹介するのもよい。
- 画用紙をを4つに分けるのが難しい場合は，あらかじめ，枠を印刷した画用紙を渡してもよい。

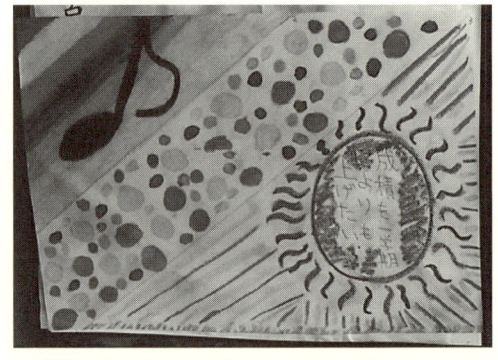

夏休み後に実施した際の子どもの作品

（夏休み直後に，3項目で実施）

3. きいてびっくり！　へえ〜なるほど

　子どもの実態により即した実施のしかたを選んでください。基準として，一つずつやり方を確認しながら実施したい場合はA，子どもどうしよく知り合っていて，時間管理も子どもたちにおおむね任せられる場合は，Bを選びます。

[ねらい]
1. 印象と実際がどれくらい違っているかを体験する。
2. 自分が人にどのような印象を与えているかを知る。

[準備するもの]
1. 課題シート　　　　　　　　　1人1枚
2. ふりかえりシート　　　　　　1人1枚

[時間配分]　　　　　　　　　　　**45分**
1. 準備・説明　　　　　　　　　　3分
2. 実　施
〈実 施 A〉
個人記入　　　　　　　　　　　10分
グループ内発表　　　　　　　　15分
〈実 施 B〉
個人記入・グループ内発表　　　25分
3. ふりかえり　　　　　　　　　15分
4. ま と め　　　　　　　　　　2分

[すすめ方]
1. 準備・説明
① 3〜4人でグループをつくり，座る。
② 〈課題シート〉を配り，説明する。
「名前の欄に，自分とグループの他の友だちの名前を書きます」
（だいたい全員が書けたか，確認する）
「次に，質問の欄を見てください。そこに，3

つの質問があります」
「それぞれの友だちについて，どの項目が当てはまるかを考えて書きます。あまり深く考えず，見た感じで答えてください。
　そう感じた理由もメモできる人は，書いておきましょう。合っているかどうかは，考えなくてかまいません。答えにくくても，ちょっと無理をして書いてください」
「自分のことは，自分の欄に書いてください」
「書いたことについて，後でグループのなかで発表し合います」
質問があれば，受ける。
2. 実施（AかBを選んで実施する）
〈実 施 A〉
① 質問1についてすすめる。
「では，質問1について，自分のこと，友だちのことを考えてみましょう」
「なぜ，それを選んだか，理由も書いてください」
全員が終わったか，確認する。
「全員書き終わりましたか。それではグループ内で発表し合います。1人ずつについてどんなふうに感じたか，理由もつけて発表します」
「その間，発表されている人は，黙って友だちの言うことを聞いていてください」
「友だちの発表が終わったら，自分が何を選んだか，なぜそれを選んだかを発表しましょう」
「同じようにグループの人たち全員が発表していきます」
質問があれば，受ける。
「それでは発表しましょう」
② 質問2について，①のようにすすめる。
③ 質問3について，①のようにすすめる。
〈実 施 B〉
① 個人記入
「それでは，書き始めてください」

教師は机間巡視しながら，困っている子には手助けをする。

②　グループ内発表

　発表のしかたを説明する。

「全員書き終わりましたか。それでは，1人ずつについてどんなふうに感じたか，書いたことを発表します」

「なぜその項目を選んだか，理由も発表してください。その間，聞いている人は，黙って友だちの言うことを聞いていてください」

「友だちの発表が終わったら，自分が何を選んだか，なぜそれを選んだかを発表しましょう」

「同じようにグループの人たち全員が発表していきます」

　質問があれば，受ける。

「それでは発表しましょう」

3．ふりかえり

①　〈ふりかえりシート〉を配り，記入する。

②　グループ内で，〈ふりかえりシート〉の項目ごとに書いたことを発表し合う。

4．ま　と　め

　[ねらい] に沿ってまとめる。

[留　意　点]

- 人権的視点から，子どもたちの書く内容や発表し合う内容，発表のしかたに気をつける。

- あくまでも，子どもたちがここで表明したことは，この場だけの印象であることを押さえる。

課　題　シ　ー　ト

年　　月　　日　　年　　組　グループ名　　　　　名前

質問＼名前	1．すきな場所 　・山 　・海 　・原っぱ	2．すきなおやつ 　・ソフトクリーム 　・せんべい 　・ホットケーキ	3．すきな色 　・赤　　・青 　・白　　・黄 　・緑　　・黒
	わけ	わけ	わけ
	わけ	わけ	わけ
	わけ	わけ	わけ
自分	わけ	わけ	わけ

ふ り か え り シ ー ト

年　　月　　日　年　　組　グループ名　　　　　　名前

1．友だちの話をきいて「へえ～なるほど」と思ったことを書きましょう。

　①　友だちについて

　②　自分について

2．そのほかに，思ったことや感じたことを書きましょう。

4. はじめましてインタビュー

[ねらい]

1. クラス替えで同じクラスになった友だちについて知る。

2. 自分と似たところを見つけて，仲よくなるきっかけをつかむ。

[準備するもの]

1. 指示書　　　　　　　　1人1枚
2. 課題シート　　　　　　1人1枚
3. 筆記用具　　　　　　　各自

[時間配分]　　　　　　　　**45分**

1. 準備・説明　　　　　　　5分
2. 実施　　　　　　　　　35分
3. ふりかえり・まとめ　　　5分

[すすめ方]

1. 準備・説明

① 子どもたちを3〜4人のグループに分け，机を囲んで座るように指示する。

② ジャンケンをして，勝った人からABCDの順番を決める。

2. 実施

① 「これから，友だちどうしでインタビューをし合って，そのことを紹介してほしいと思います。」〈指示書〉を配り説明する。

② 〈課題シート〉を配り，読み上げて説明する。「似ているところは，みんなが『へえ，知らなかった。』と思えるようなものを探して言うとおもしろいですね。」「グループの中の1人にインタビューをして，その紹介文を完成させます。書いたものは，後で本人に見せて『いいよ。』と言わ　れたら発表します。」

③ 「1回のインタビューは，5分間です。これから5分ごとに合図をします。質問はありませんか。」

「では，はじめましょう。」

④ 〈課題シート〉に記入しながらインタビューしていく。

⑤ インタビューが終わったグループから，グループ内で紹介していく。

3. ふりかえり・まとめ

① 〈課題シート〉の裏に，感想を書く。

② これから一緒に活動するなかで，いろいろな場面を見つけていこうと意欲づけをする。

[留意点]

● 「得意なこと」は他者と比べるのではなく，自分自身の中で考えるようにさせたい。考えにくい場合は，「好きなこと」と読み替えさせてもよい。

● 似ているところが見つからなかったときは，似ているところを見つけようとしたことを認める。全然似ていなかったことや，違うところばかりだったこととして紹介する。

● インタビューの発表を2グループ合同で行うと，より多くの友だちのことを知ることができる。

● 時間が許せば，学級全体に紹介してもよい。

● クラス替えの後だけでなく，いつ行っても新しい発見があるので，くり返し実施することができる。

指 示 書

ジャンケンをして，4人グループはABCD，3人グループはABCのじゅん番を決めます。

インタビューとしょうかいは，次のようにします。

	3人グループ	4人グループ
1回目	AさんがBさんにインタビュー Cさんは見学	AさんがBさんに， CさんがDさんに，インタビュー
2回目	CさんがAさんにインタビュー Bさんは見学	BさんがCさんに， DさんがAさんに，インタビュー
3回目	BさんがCさんにインタビュー Aさんは見学	AさんがBさんをしょうかいする。
4回目	AさんがBさんをしょうかいする。	CさんがDさんをしょうかいする。
5回目	BさんがCさんをしょうかいする。	BさんがCさんをしょうかいする。
6回目	CさんがAさんをしょうかいする。	DさんがAさんをしょうかいする。

課題シート

<u>　年　　月　　日　年　　組　グループ名　　　　　　名前　　　　　　　　　　</u>

友だちにインタビューをして，次のしょうかい文をかんせいしましょう。

---

1. この人の名前は，　　　　　　　さんです。

   去年は　　　年　　　　組で，わたしと〈同じ・ちがう〉組でした。

2. 　　　　　　さんのとくいなことは　　　　　　で，

   　　　　　　　　　　　　　　　　　　　　　　だそうです。

3. わたしと，にているところがあります。
   （例：すきなあそび，食べ物，テレビ，勉強，今年がんばりたいこと，このクラスについて思うこと，去年楽しかったこと，今年楽しみにしていること）

   1つ目は

   2つ目は

4. これで，インタビューの発表を終わります。

※みんなの発表を聞いて，思ったことをうらに書きましょう。

Ⅱ　力を合わせよう！
（力を合わせるGWT財）

1. はたをつくろう

[ねらい]

1. 声をかけ合いながら，みんなで活動する楽しさを味わう。
2. 遠足に向けて，このグループで協力していこうとする気持ちをもつ。

[準備するもの]

1. 旗をつくるビニールシート
1グループ1枚
2. 油性ペンセット　　　グループ1セット
3. 机を汚さないようにするための新聞紙
1グループ1枚
4. ふりかえりシート　　　1人1枚

[時間配分]　　　　　　　　**45分**

1. 準備・説明　　　　　　　5分
2. 実　施　　　　　　　　20分
3. 結果確認　　　　　　　　5分
4. ふりかえり・まとめ　　15分

[すすめ方]

1. 準備・説明
① 子どもたちを遠足のグループに分け，机を囲んで座るように指示する。
② ビニールシートと油性ペンセット，新聞紙を配る。
③ 次のように説明をする。
「グループのみんなで旗をつくります。遠足のときにもなかよく行けるように，協力してグループの旗をつくってください」
「旗をつくるときの約束が3つあります。
ア．やることがなくてつまらないと思う人がいないようにしましょう。
イ．1回はペンを持ってかくようにします。
ウ．1回はグループの人にお願いをします（「ペンを取ってください」「そこに○○をかいてください」など）。
④ 質問があれば，受ける。

2. 実　施
① 「それでは始めましょう。時間は20分間です」
② 終了5分前になったら，知らせる。

3. 結果確認
黒板に各グループの旗を貼り，見せ合う。

4. ふりかえり・まとめ
① それぞれのグループのよかったところ，一人ひとりのよかったところを，それに気づいた子どもたちの発言によってすすめる。
② 今までの子どもの経験や普段の様子から判断して口頭によるふりかえりで行ってもよいし，〈ふりかえりシート〉を活用してもよい。
③ 子どもたちどうしで，気づかなかった友だちのよかったところを，この財の[ねらい]と関連づけて教師が紹介する。また，それに気づいた子どもたちのつぶやきを取り上げるなどしてまとめる。

[留意点]

● グループの名前を決め，それにちなんだシンボルマークを入れるとよい。
● 旗をつくるときの約束を提示することにより，関わりをもって活動できるようにする。
● 旗をグループのどの位置に置いているかを見ることにより，指導者はそのグループの様子をつかむことができる。もし，やりにくそうにしている子どもがいたときには，場所を移動したり，向きを変えるようにお願いしてみたりすることを示唆したり，励ましたりする。
● 机を一つにし，その周りで立って活動する方法もある（別の机をペンセット置きとしてそばに置く）。
● 旗をつくるビニールシートは，大きいビニール袋やカラービニール袋を切って用意できる。

ふりかえりシート

年　　月　　日　　年　　組　グループ名　　　　　　名前

今のグループのようすを思い出してみましょう。

1. つぎの　しつもんに　あてはまる人は　だれですか。グループの人の名前を
   かきましょう。
   　　じぶんだと思うときは　じぶんの名前を　書きましょう。

	しつもん	名　　前
1	ペンをもって　かいた人は　だれですか？	
2	グループの人に　おねがいをした人は　だれですか？ ・そこのペンをとってください ・そこに〇〇をかいてくださいなど	
3	いい考えを　出した人は　だれですか？ ・じゅんばんに　かこう ・みんなに　きいてから　きめようなど	
4	みんなの　いけんを　まとめようとしたのはだれですか？	
5	友だちの考えに　さんせいした人は　だれですか？ ・いい考えだね　・そうしよう　など	

2. 「はたをつくろう」をして　よかったことや思ったこと　遠足できょうりょくで
   きそうなことを　かきましょう。

2. なににみえる？

[ねらい]

みんなで話し合ったり一つのものをつくることの楽しさや難しさに気づく。

[準備するもの]

1. は さ み　　　　　　　1グループ2本
2. 両面テープ　　　　　　1グループ1巻
3. 色　紙　　　　　　　　1グループ1セット
4. 新 聞 紙　　　　　　　1グループ2枚ぐらい
　（机が汚れないようにするための下敷き用）
5. 石　　　　　　　　　　グループ数＋1

[時間配分]　　　　　　　　**45分**

1. 準備・説明　　　　　　10分
2. 実　施　　　　　　　　20分
3. 発　表　　　　　　　　5分
4. ふりかえり　　　　　　5分
5. ま と め　　　　　　　5分

[すすめ方]

1. 準備・説明

① グループ（3〜4人）ごとに分かれ，机を囲んで座るように指示する。

② はさみ（2本），両面テープ，色紙，新聞紙を配り，説明する。

「今からグループに石を1個ずつ配ります。その石が何の形に見えるかを考えます」

「グループで何に見えるかが決まったら，もっとその形に見えるように色紙で飾りを付けます」

③ 約束の確認をする。

「色紙を切ることと，色紙を貼ることの仕事をみんなが1回ずつは，するようにします」

（質問があれば，受ける）

2. 実　施

① 「石が配られたら始めます。時計の針が○までできたら終わります」

② 石を配る。

③ 終了の10分前，5分前になったら知らせる。

3. 発　表

「時間です。グループで半分の人が他のグループの作品を見に行きます。残った半分の人は見に来た人に作品の説明をします。先生の合図で交代します」

4. ふりかえり

教師が項目を読み上げ，当てはまる場合に手をあげるように指示する。

ア．色紙を切った人？

イ．切った色紙を貼れた人？

ウ．楽しく活動できた人？

5. ま と め

[ねらい]に沿ってまとめる。

[留意点]

● 石を配るときには，見た目で選ばないようにするために，袋に入れたものを引かせるなど工夫をする。

● 色紙を切るときには，はさみに限らず手で切ってもよい。

● 石をデジタルカメラで写真に撮り，プリンターで印刷をする方法もある。この場合，同じ石でもグループによって違う見方をするというおもしろさが出てくる。

● 石ではなく，紙をちぎったり，絵の具を紙にたらしたりするなど，偶然できた形をもとにするのもよい。

● 野外で活動するときには，色紙のかわりに葉や枝などを使うこともできる。

石の写真を何枚か用意しました。

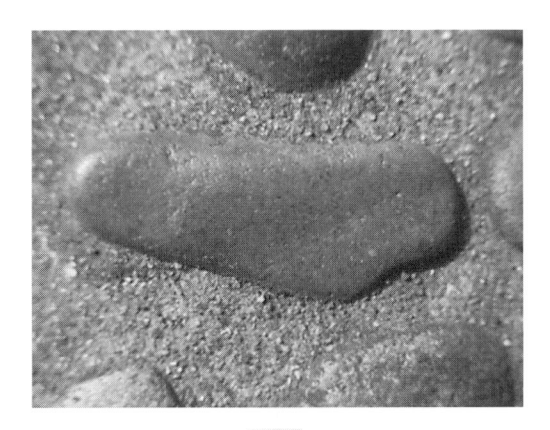 

 変 身 ！

3. ガオー　おもしろかいじゅうをつくろう

[ねらい]

みんなでするから「おもしろい」「楽しい」ということに気づく。

[準備するもの]

1. グループへのしじしょ（掲示用）　　1枚
2. やくそく（掲示用）　　　　　　　　1枚
3. 模造紙1／2大(頭と後ろ足を描いたもの)
　　　　　　　1グループ1枚＋1枚（説明用）
4. 折り紙（15×15cmを4等分したもの）
　　　　　　　　　　　　1グループ1セット
5. 太マジック（黒）　　　　1グループ1本
6. の　　　り　　　　　　　1グループ2本
7. は さ み　　1グループ（人数−2）本
8. ふりかえりシート　　　　　　1人1枚
※必要に応じて，のりした紙を用意する。

[時間配分]　　　　　　　　　**45分**

1. 準備・説明　　　　　　　　　　7分
2. 実　　施　　　　　　　　　　25分
3. 発　　表　　　　　　　　　　3分
4. ふりかえり・まとめ　　　　　10分

[すすめ方]

1. 準備・説明

① 4〜5人のグループをつくり，机を囲んで座らせる。

② ［準備するもの］3. 〜7. を各グループに用意する。

③ 「ガオー　おもしろかいじゅうをつくろう」の説明をする。

「今日は，みんなで，ガオーおもしろかいじゅうをつくって，○年○組のかいじゅうランドをつくりたいと思います」

「どんなおもしろかいじゅうなのか!?　黒板を見てください」

黒板の〈グループへのしじしょ〉を読み上げる。そして，つくり方がわかる程度の模擬をする（線で体をつなぐ，折り紙をは

さみで切る，色紙をのりで貼る）。

「もう一つ，大切なことがあります。それは，次の約束を守ることです」

黒板の〈やくそく〉を読み上げる。

④ 質問があれば，受ける。

2. 実　　施

① 「それでは，始めましょう。時間は25分間です」

活動内容が偏らないように，観て回る。友だちへのやさしい行動が見られたら，その場で認める声かけをする。

② 25分後に終了を知らせる。

3. 発　　表

かいじゅうを黒板に掲示する（このとき，〈やくそく〉（掲示用）などはなくてもよい）。

4. ふりかえり・まとめ

教師が質問し，挙手によってふりかえりを進める。ねらいに沿って，プラスのコメントを加えるとよい。

〈問いかけ例〉「かいじゅうを楽しくつくることができましたか？」「グループで力を合わせてつくれましたか？」「どんなところで力を合わせたなあって思ったの？」「はさみを使った人は？」「のりを使った人は？」「他によかったことや気がついたことはありますか？」　など

[留意点]

● 〈しじじょ〉〈やくそく〉は，それぞれ，別の紙に拡大して使う。

● グループの子どもの名前，つくった日にちを書き入れて記念にする。

● 学級の実態に応じて，〈ふりかえりシート〉を使ってもよい。

● 協力のシンボルとして，教室掲示に活用することをお勧めします。

● 名前をつけたり，お話づくりをしたり，いろいろな発展が考えられる。

グループへのしじしょ
みんなで力を合わせて，
おもしろかいじゅうをつくろう

★からだの見えないところは　ペンをリレーのバトンのように
　わたしながら　みんなでかくと　できあがります。
★すきなかたちに　きったいろがみで　もようがついています。
★空をとぶことが　大すきです。
★とてもじょうずに　およぐことができます。
★火を　ふきます。
★とても　おしゃれです。

やくそく

◎ひとり1かいは　はさみを　つかいましょう。
◎ひとり1かいは　のりを　つかって　おりがみの
　もようを　はりましょう。
◎かいじゅうができたら　じぶんのすきなポーズで
　みんなで　「ガオ〜〜〜！」。

ふりかえりシート

年　　月　　日　　年　　組　グループ名　　　　　　　名前

今の　グループのようすを　おもいだして　○をつけましょう

1. たのしく　かつどうできましたか

　①とても　　　　　②まあまあ　　　　③あまり　　　　　④たのしくなかった
　たのしくできた　　たのしくできた　　たのしくなかった

2. やくそくを　まもって　かつどうできましたか。

　①とても　　　　　②まあまあ　　　　③あまり　　　　　④まもれなかった
　まもれた　　　　　まもれた　　　　　まもれなかった

3. みんなで　力を合わせて　かいじゅうを　つくることが　できましたか。

　①とても力を　　　②まあまあ力を　　③あまり力を　　　　④力を合わせて
　合わせてできた　　合わせてできた　　合わせてできなかった　できなかった

4. 「ガオー　おもしろかいじゅうをつくろう」をして　ほかに思ったことや　き
　がついたこと　かんじたことを　かきましょう。

4. 何が出るかな？　コロコロボックス!!

[ねらい]

1. みんなで力を合わせて活動することの楽しさに気づく。
2. 約束を守って活動する。

[準備するもの]

1. 箱　　　　　1グループ1セット（4個）
2. グループへのしじしょ　1グループ1枚
3. やくそく　　　　　　　1グループ1枚

[時間配分]　　　　　　　　　**45分**

1. 準備・説明　　　　　　　5分
2. 実　　施　　　　　　　20分
3. 発　　表　　　　　　　10分
4. ふりかえり・まとめ　　10分

[すすめ方]

1. 準備・説明

① 3～4人のグループに分かれて，机を囲んで座る。

② グループに〈箱〉〈グループへのしじしょ〉〈やくそく〉を配り，それぞれを読み上げる。

③ 質問があれば，受ける。

④ 一人に一つ箱が決まったことを確かめる。

2. 実　　施

「それでは，見つけましょう」

グループの様子を見てまわる。

〈やくそく〉を忘れているときは，声をかける。

3. 発　　表

「なにか」を発表する（1グループ1つずつ発表する，声を合わせて発表する，教師が提示する，など）。

板書して確かめる。

4. ふりかえり・まとめ

実施中の自分やメンバーについての活動をふりかえることができるように，次のような問いかけを工夫する。

「『なにか』が5つ見つかった人？」

「やくそくを守れた人？」

「楽しかった人？」

「楽しかったのは，どんな時ですか？」

（自分の言ったことが合ってたとき）

（○○さんが，「ありがとう」って言ってくれたとき）

（○○さんが，～してくれたとき）

など，子どもたちが具体的な場面を伝えられるように問いかけるとよい。

[ねらい]に関連づけた，価値づけをするようなコメントを，まとめの話として，話してもよい。

[留意点]

● 子どもたちからなかなか具体的な場面が出てこない場合，教師が実施中に見取った事例を紹介しながら，ねらいに沿って，まとめをしてもよい。

グループへのしじしょ

ここに　はこが4つあります。

4つのはこをあわせると　あなたのしっている「なにか」がでてきます。

「なにか」はぜんぶで　5つ　です。

やくそくをまもって　みんなでみつけよう！

や く そ く

① 　はこは　ひとりに1こ　です。

② 　さわって　うごかせるのは　じぶんの　はこだけです。ともだちの

　　はこは　さわれません。

③ 　こたえは　グループのみんなが　しっているようにしましょう。

④ 　みつけるじかんは　15ふんかん　です。

⑤ 　こたえが　ぜんぶ　わかったら　みんなで　「ばんざい」をしましょう。

展開図
── どうぶつバージョン①

展開図
── どうぶつバージョン②

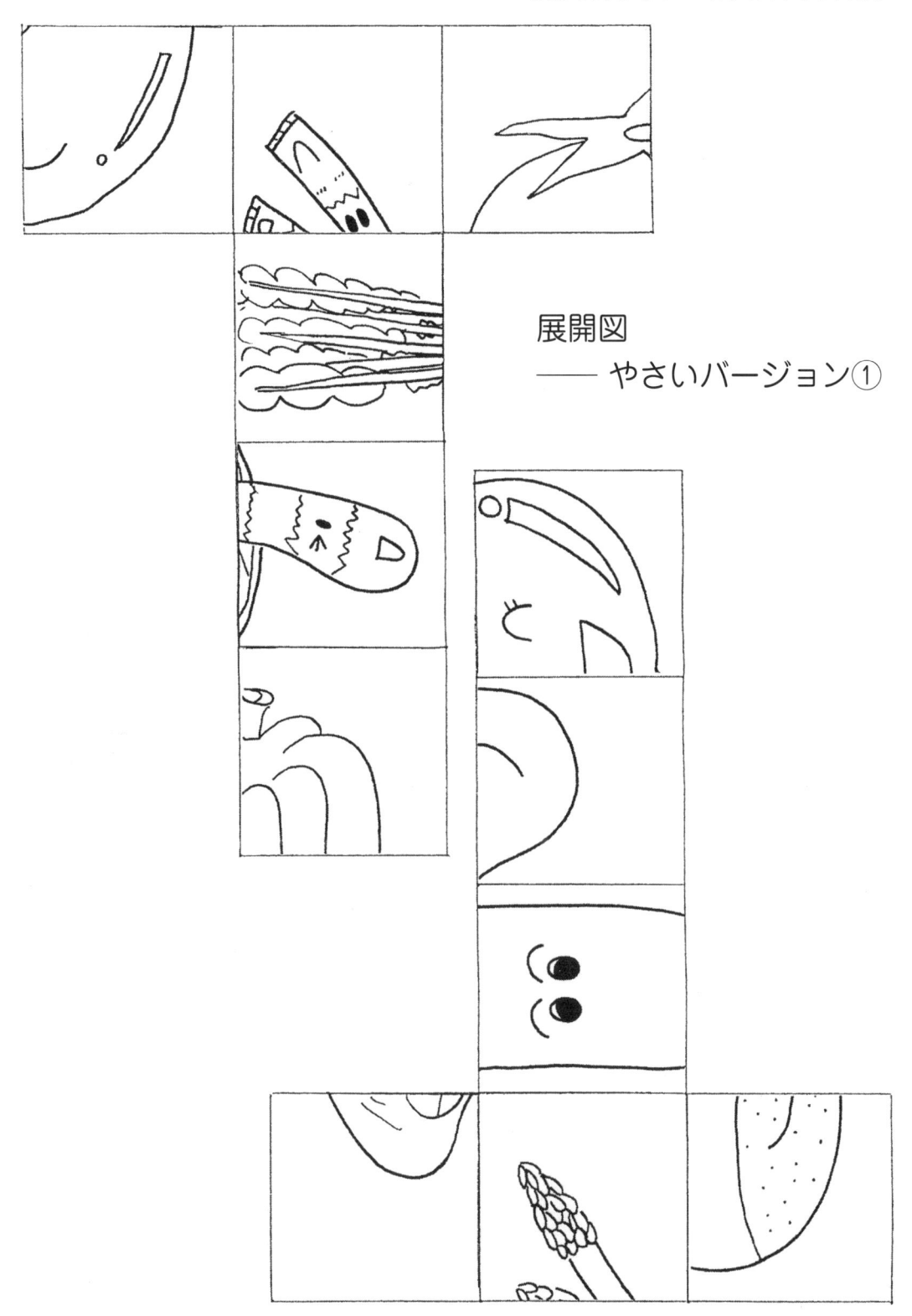

展開図
—— やさいバージョン①

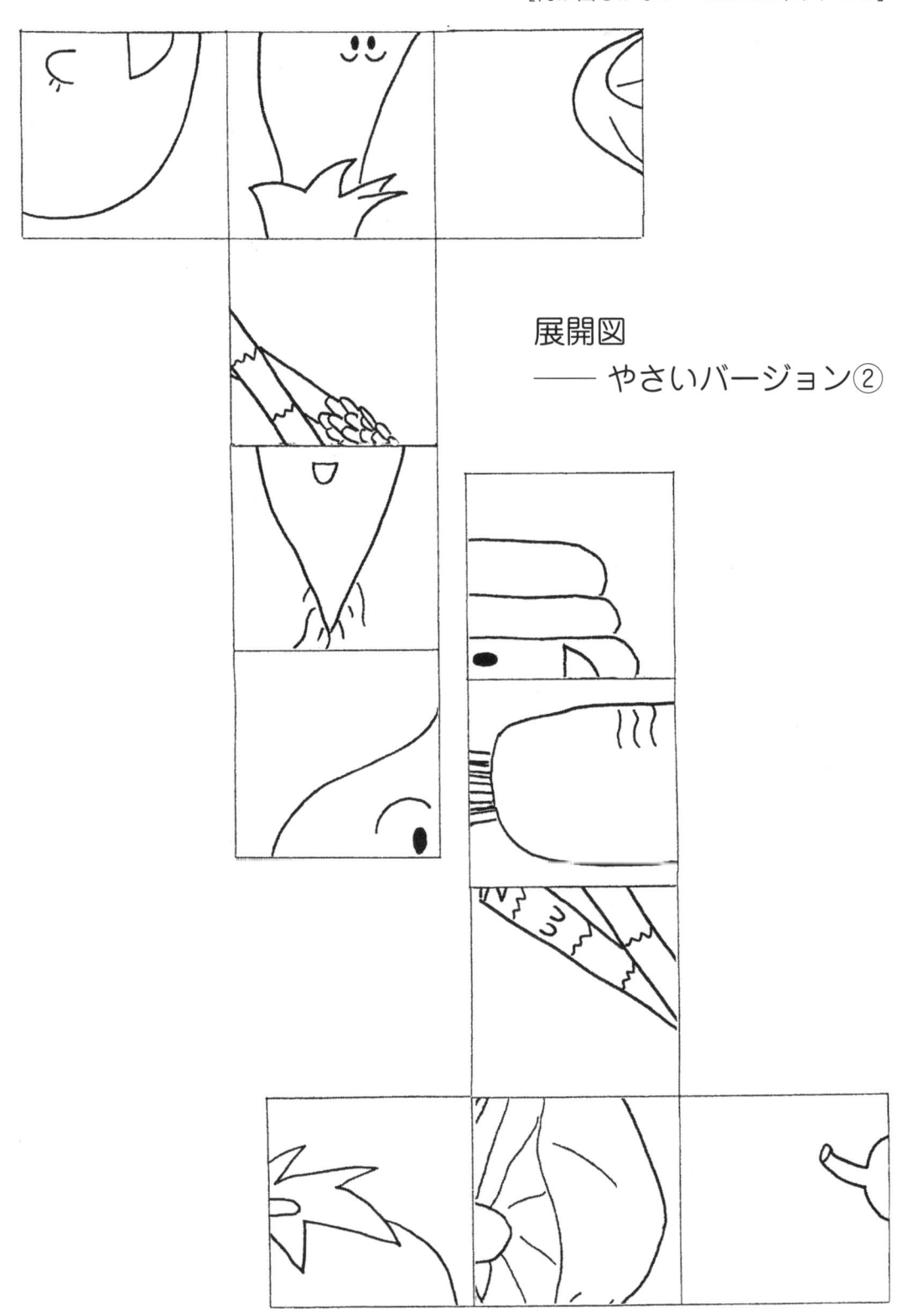

展開図
―― やさいバージョン②

正　解──どうぶつバージョン

（どうぶつにならない）

うさぎ

さる

きつね

くま

ねこ

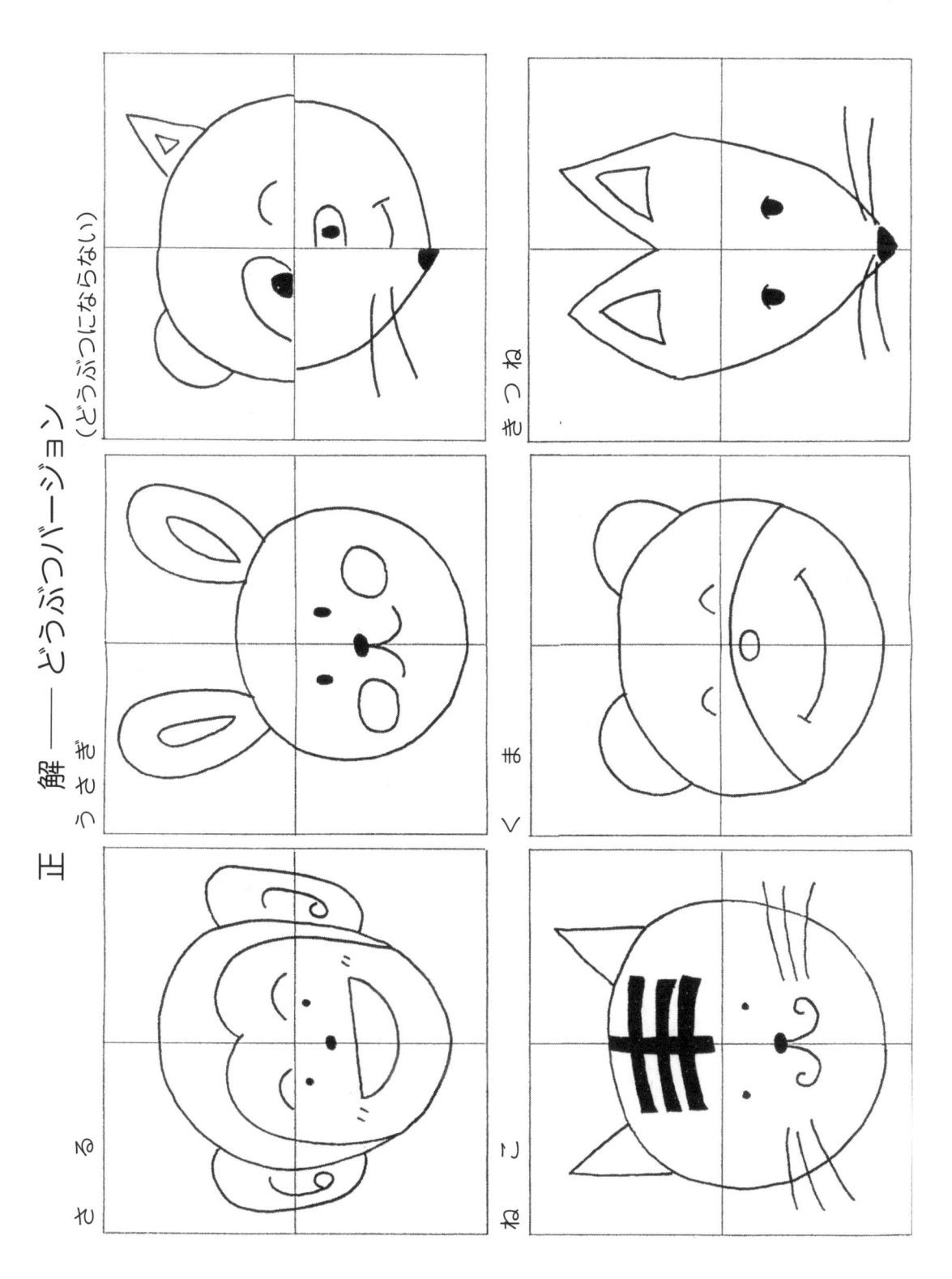

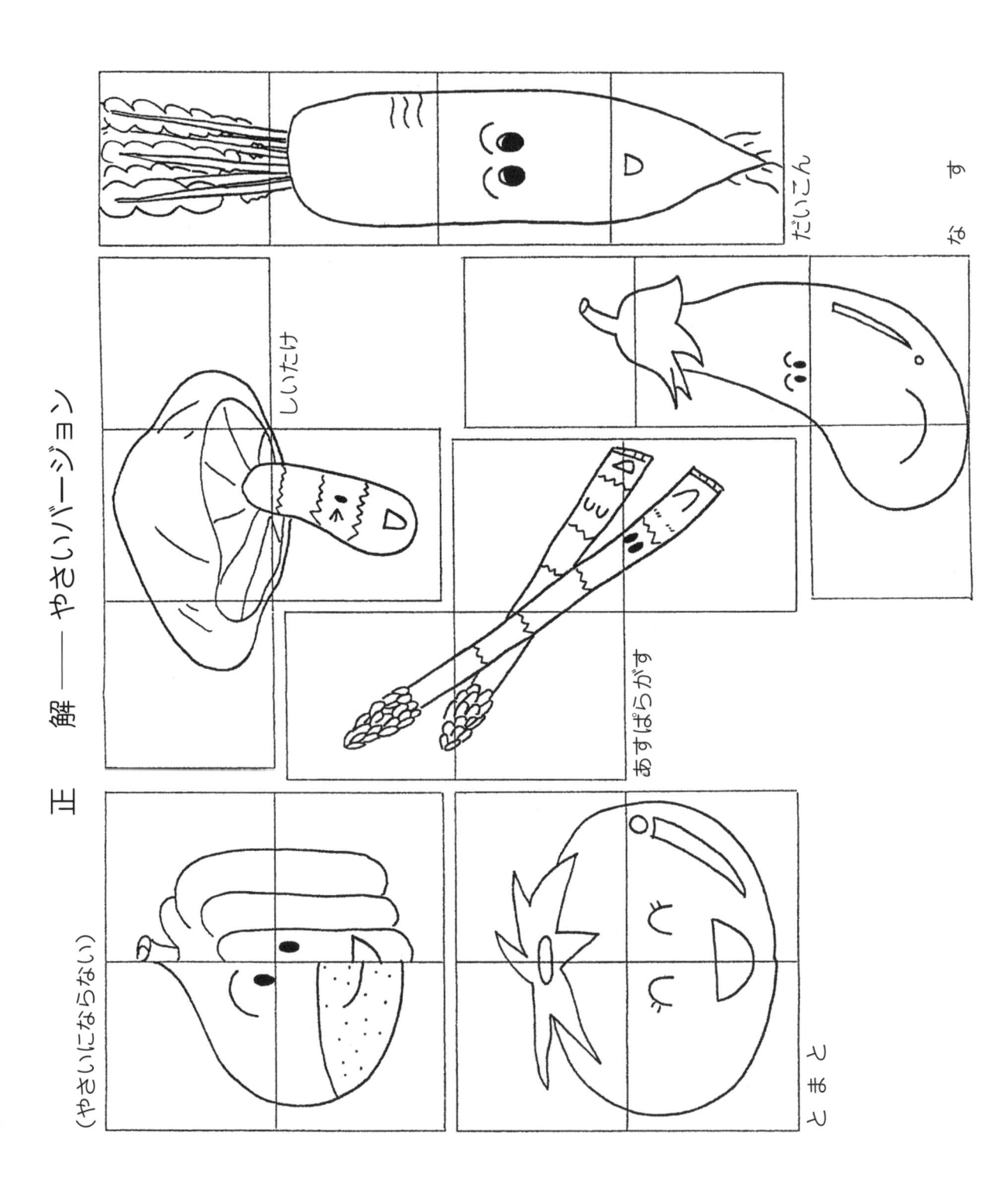

正　解　——　やさいバージョン

だいこん

なす

しいたけ

あすぱらがす

（やさいにならない）

とまと

— 52 —

5. あててみまっシー

[ねらい]

1. グループの課題達成に向けて，一人ひとりがどう動いたらいいかを考え，行動する。
2. グループのみんなが，楽しみながら劇をつくる。

[準備するもの]

1. 指示カード　　　　　　　1グループ1枚
2. ふりかえりシート　　　　　　1人1枚

[時間配分]　　　　　　　　**45分**

1. 準備・説明　　　　　　　　5分
2. 実　　施　　　　　　　　10分
3. 発　　表　　　　　　　　17分
4. ふりかえり　　　　　　　10分
5. ま　と　め　　　　　　　　3分

[すすめ方]

1. 準備・説明
① 子どもたちを5〜6人のグループに分ける。
② 「これから，グループの仲間で力を合わせて，あるお話の一場面をつくってもらいます。できたらおたがいに発表し合って，そのお話が何のお話か当てっこします。

　　ただし，『シ〜ッ！』台詞のない劇です。台詞がなくても当ててもらえるように工夫して，場面の動きを考えましょう。考えて練習する時間は，10分です」

「全員が必ず何かの役をしましょう。劇を発表する時間は，1グループ1分です」
③ 質問を受ける。

2. 実　　施
① グループの代表に〈指示カード〉を1枚ずつ引かせる。
② 離れた場所でグループごとに役割を決めて練習する。

3. 発　　表
　みんなの前で発表し，何の話のどんな場面か当ててもらう。

4. ふりかえり
① 〈ふりかえりシート〉に記入する。
② グループごとに思ったことを発表し合い，まとめる。

5. ま　と　め
① グループで話し合ったことを，全体の場で発表する。
② 子どもの気づきや，楽しく活動していたグループの様子を知らせる。

[留意点]

● 配役などが原因となって，日常生活でいじめの対象となってしまうことがないよう，十分に配慮する。
● 学年に応じて「物語」を当てることにしたり，「それぞれの役」まで当てるようにしてもよい。

指示カード

花さかじいさん	うらしまたろう
赤ずきん	３びきのこぶた
かぐやひめ	シンデレラ
しらゆきひめ	ももたろう

ふりかえりシート

年　　月　　日　　年　　組　グループ名　　　　　名前
_____

今のグループの様子を思い出してみましょう。

1．次の質問にあてはまる人はだれですか。思いあたる人の名前を全部書いてください。

　　　自分があてはまるときは，自分の名前を書きましょう。

　　　あてはまる人がいない場合は，書かなくてもかまいません。

	質　　問	名　　前
1	みんなの意見をまとめようとしていたのは，だれですか。	
2	いいアイデアを出したのは，だれですか。	
3	みんなのよいところをほめていたのは，だれですか。	
4	げきづくりをもりあげたのは，だれですか。	

2．そのほか，思ったこと，気づいたことを書きましょう。

Ⅲ　伝え合おう！ 聴き合おう！
（情報を組み立てるGWT財）

1. ももちゃんのおつかい 2

[ねらい]

1. 人の話をよく聴いたり，タイミングよく話したりすることの大切さを体験する。
2. さまざまな情報を集め，まとめる方法を体験する。

[準備するもの]

1. 指 示 書　　　　　　　1グループ1枚
2. 情報カード　　　　　　1グループ1セット
3. 商店街の地図　　　　　1グループ1枚
4. 正　　解　　　　　　　1グループ1枚
5. ふりかえりシート　　　　1人1枚
6. 筆記用具　　　　　　　　　各自

[時間配分]　　　　　　　　45分

1. 準備・説明　　　　　　　　5分
2. 実　　施　　　　　　　　20分
3. ふりかえり　　　　　　　15分
4. ま と め　　　　　　　　5分

[すすめ方]

1. 準備・説明
① グループ（4〜5人）に分け，机を囲んで座らせる。
② 〈指示書〉〈情報カード〉〈商店街の地図〉を配り，課題ややくそくを説明する。
③ 質問があれば，受ける。
2. 実　　施
① 終了時刻を確認し，始めの合図をする。
② やくそくが守られていないときは，守るように伝える。
③ 終了の5分前に知らせる。
④ 終了時刻で活動を止める。
⑤ 〈正解〉を配り，確認をさせる。
3. ふりかえり
① 〈ふりかえりシート〉を配り，話をしないで記入させる。
② 書いたことをグループ内で発表し合う。
4. まとめ
　子どもの発表をもとに，［ねらい］に沿ってまとめる。

[留意点]

● 解決ができたグループには，ポストの位置をどうしてそこに決めたのかの説明が誰でもできるように確かめるように伝えて，終了時刻まで待たせる。

指　示　書

　ももちゃんは，学校で使うノートがなくなったので，商店街へ買い物に行くことにしました。するとお母さんからも，買い物をたのまれました。

　いくつかのお店をまわって買い物をし，とちゅうでポストに手紙を入れましたが，お母さんにポストのあった場所をきかれて，答えられませんでした。

　ポストはどこかの店の前にあったのですが，それがどこか，教えてあげてください。

ポストは，　　　　　　　　　　　　　　　　　　　　の前

や　く　そ　く

1. 自分のカードを，ほかの人に見せてはいけません。カードに書いてあることは，言葉でみんなに伝えてください。

2. カードに書いてあることを，まるうつししてはいけません。
　（かんたんなメモは，書いてもかまいません）

3. 全員がわかるように，話し合ってください。

4. 時間は，20分間です。

5. 答えが書けたら，全員で「ばんざい！」をしましょう。

情 報 カ ー ド

1. ももちゃんが，バスをおりると，花屋さんがありました。	2. ポストの前の店では，買い物をしていません。
3. バスをおりて右に歩きました。	4. あいびき肉を買った後で，お母さんにたのまれた手紙を思い出しました。
5. はじめの買い物をするために，左にまがりました。	6. ももちゃんは，お肉をもって，バス通りに出ました。
7. 横断歩道の前の店で，2番目の買い物をしました。	8. ポストは，バス通りの東側にあります。
9. ももちゃんは，メロンパンを2つ，買いました。	10. さいごの店に行くとちゅうで，ポストに手紙を入れました。
11. むかいの店でも，買い物をしました。	12. 一つの店の前に，バス停とポストの両方はありません。
13. 3番目の店で，300g買いました。	14. ももちゃんは，大すきないちごケーキを買いました。
15. さいごの店で買ったものは，ゆらさないように，そうっともちました。	16. ももちゃんは，さいごの店のとなりの店の前から，バスに乗ってかえりました。

商 店 街 の 地 図

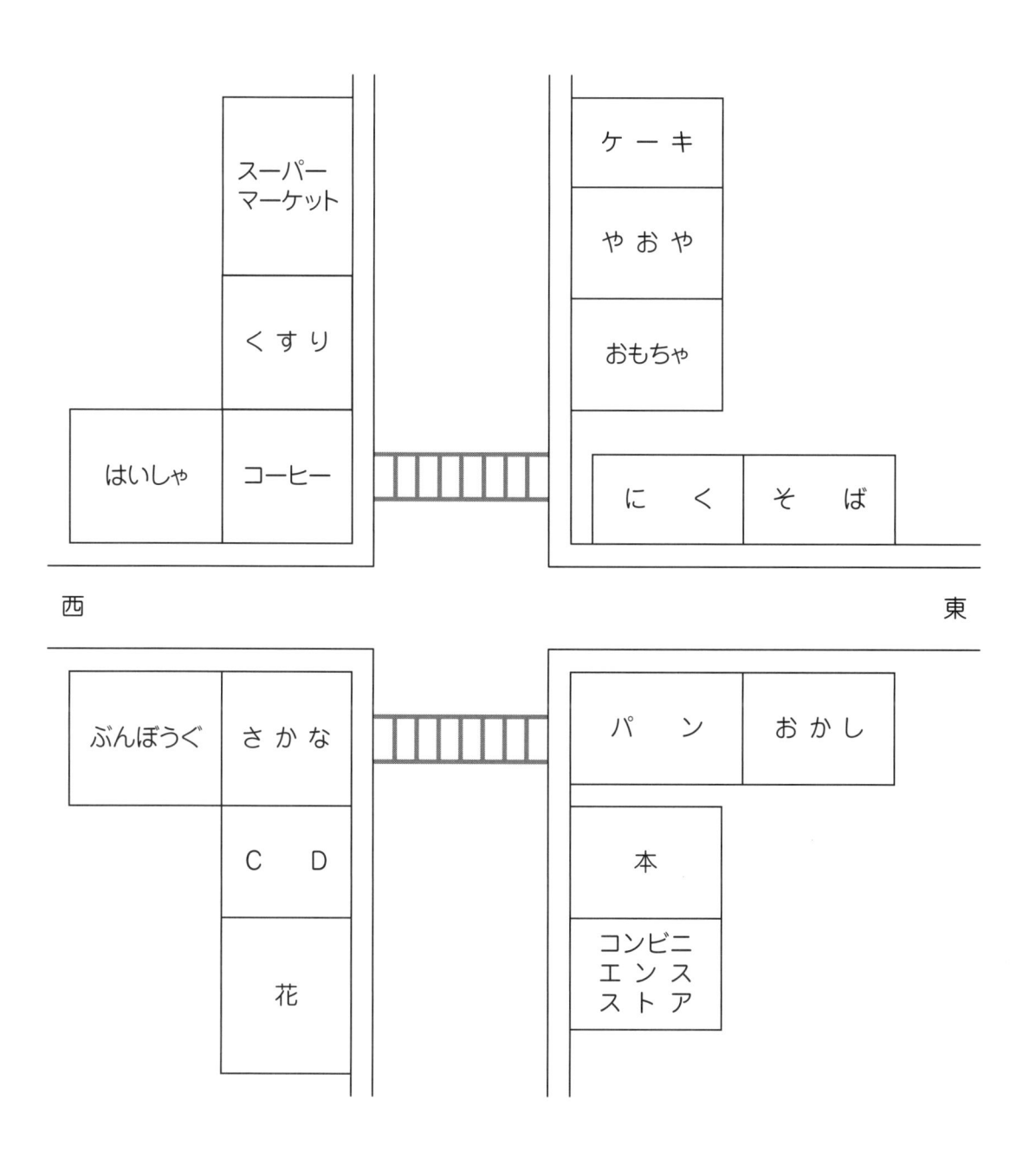

正　　解

ポストは，「おもちゃ屋さんの前」にあります。

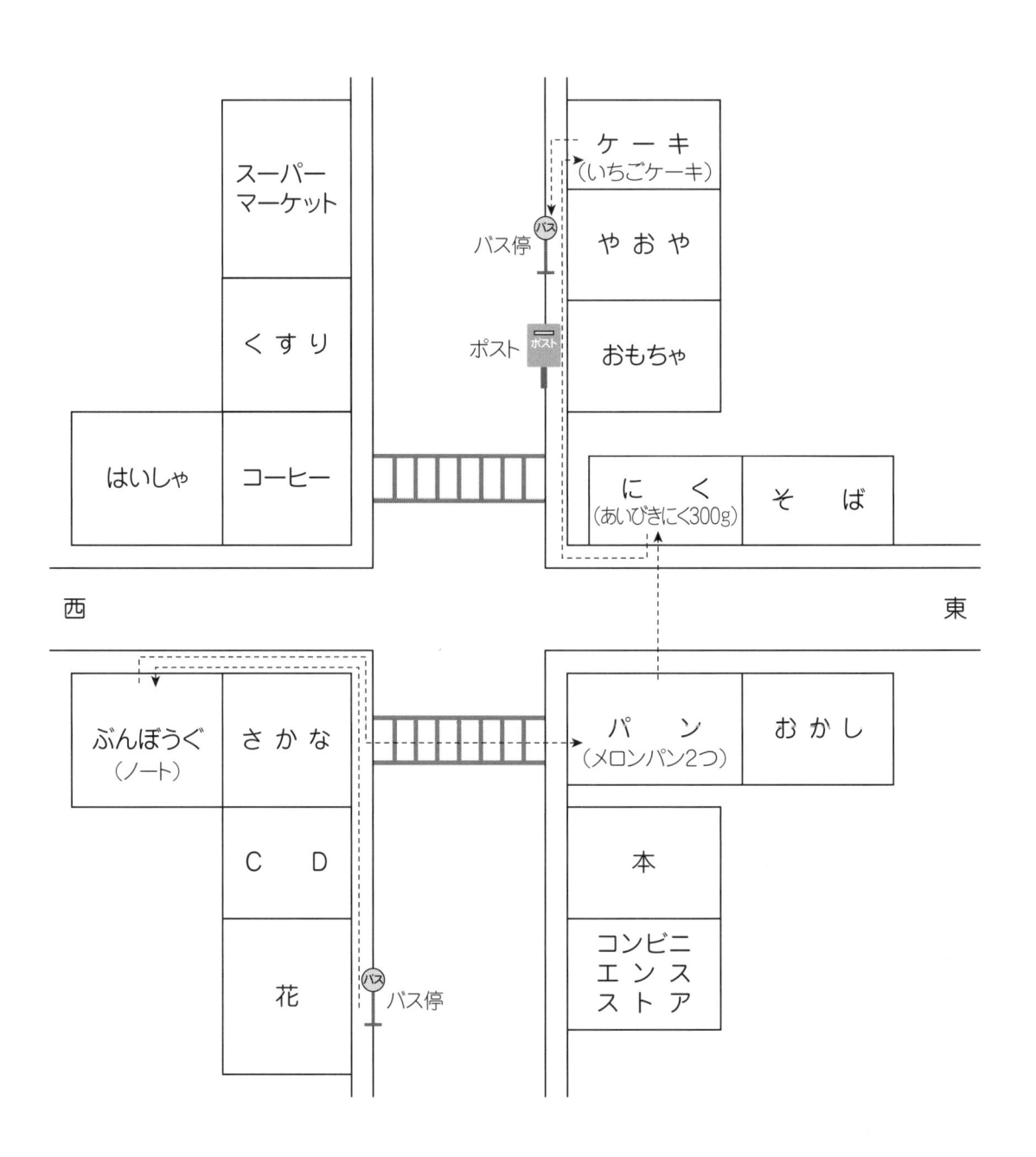

ふりかえりシート

年　　月　　日　　年　　組　グループ名　　　　　名前

今のグループの様子を思い出してみましょう。

1. 自分の考えを，すすんで言うことができましたか。

　　①すすんで言えた　　②言えた　　③あまり言えなかった　　④言えなかった

2. グループのみんなの考えを，よく聴くことができましたか。

　　①よく聴けた　　②聴けた　　③あまり聴けなかった　　④聴けなかった

3. ポストがどこにあったか，あなたはよくわかりましたか。

　　①よくわかった　②わかった　③あまりわからなかった　④わからなかった

4. 「ももちゃんのおつかい 2」をして，ほかに思ったことや気がついたことを書きましょう。

2. 迷路城の探検

[ねらい]

人の話を自分のもっている情報と関連づけて聴いたり，タイミングよく話したりすることの大切さに気づく。

[準備するもの]

1. 筆記用具　　　　　　　　　　各自
2. 指 示 書　　　　　　1グループ1枚
3. 情報カード　　　　1グループ1セット
4. 城の地図1・2　　　1グループ各1枚
5. 赤えんぴつ　　　　　1グープ1本
6. 正　　解　　　　　　1グループ1枚
7. ふりかえりシート　　　　1人1枚

[時間配分]　　　　　　　**45分**

1. 準備・説明　　　　　　　　　5分
2. 実　　施　　　　　　　　　20分
3. 結果確認　　　　　　　　　　1分
4. ふりかえり　　　　　　　　15分
5. ま と め　　　　　　　　　　4分

[すすめ方]

1. 準備・説明
① 5〜6人のグループで筆記用具を用意し，座らせる。
② 〈指示書〉〈情報カード〉〈城の地図1・2〉，赤えんぴつを配る。
③ 課題を読み上げる。
「みなさんは，お城の前にやってきました。これからお城の中に入り，『宝物』を取ってきてください。お城の情報は，〈情報カード〉に書いてあります。〈情報カード〉の情報をヒントに，必要な道具を手に入れ，『宝物』をみつけて，無事に城の外へ出られる道順を，グループで話し合ってみつけ，赤えんぴつで書きましょう」

④ 次のように説明をし，〈情報カード〉を配る。
「これから配るカードは，トランプのようにきってみんなに全部配ってください。カードに書かれていることは，自分の口で他の人に正しく伝えるようにしてください。
　他の人に見せたり，とりかえたりしてはいけません。また，他のグループの人とも話さないでください」
④ 質問があれば，受ける。

2. 実　　施
① 「それでは始めましょう。時間は20分間です」
② 終了5分前になったら，知らせる。

3. 結果確認
終了の合図をし，〈正解〉の図を配る。

4. ふりかえり
① 〈ふりかえりシート〉を配り記入させる。
② グループ内で，発表させる。
「それぞれのグループで，誰がどんなことをしたことが課題解決のために役に立ったか，発表し合いましょう」

5. ま と め
[ねらい] に沿ってまとめる。

指　示　書

みなさんは，お城の前にやってきました。

これからお城の中に入り，「宝物」を取ってきてください。

お城の中の情報は，〈情報カード〉に書いてあります。

〈情報カード〉の情報をヒントに，必要な「道具」を手に入れ，「宝物」を見つけて，無事に城の外へ出られる道順を，グループで話し合って見つけ，赤えんぴつで書きましょう。手に入れる「道具」には，赤えんぴつで○印をつけてください。

　赤えんぴつで書いたら，消すことができません。まちがえないように書きましょう。

　話し合う時間は，20分間です。

　赤えんぴつで書き終わったら，みんなで「バンザイ！」をしましょう。

や　く　そ　く

- 〈情報カード〉は，裏にしてトランプのように配りましょう。
- 自分の持っているカードは，他の人に見せないでください。
- カードに書いてある情報は，言葉で伝えましょう。
- 地図以外の紙に，メモをすることはできません。
- 情報を丸写しするのはやめましょう。

情 報 カ ー ド

1. 星印のところには,
   薬があります。

2. 薬には,「どくけし」と
   「ねむりぐすり」があります。

3. 黒い星のところに,
   「ねむりぐすり」があります。

4. 黒い四角のところに, 白い四
   角の箱を開けるカギがあります。

5. おかしなものを拾うと,
   大変なことが起こります。

6. 白い箱の中に, ハートの箱を
   開ける「カギ」が入っています。

7. 「たからもの」は, ハートの箱
   の中に入っています。

8. 白い箱を開けると,「ドクグモ」
   が飛び出してきて, 刺されます。

9. 城の中には,「どく」のある生
   き物がいるので,「どくけし」
   がいります。

10. 黒いたまごをわると,
    「ドクヘビ」が出てきます。

11. 白いたまごの横をとおると,
    「ねむりねこ」が出てきて,
    みんなをねむらせます。

12. 1階の「ゆか」は, 同じとこ
    ろを2度歩くと, ゆかが崩れて,
    地下に落ちてしまいます。

13. 地下に落ちたら, 2度と
    もどることはできません。

14. 「ねむりねこ」に「ねむりぐ
    すり」をあげると, ねこだけが
    ねむってしまいます。

城 の 地 図 1

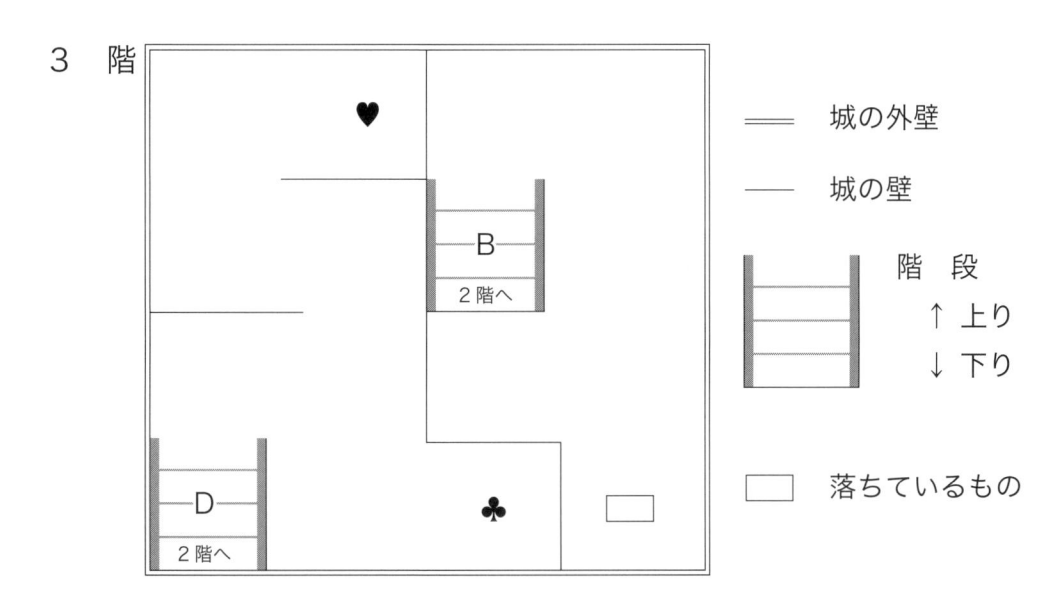

3 階

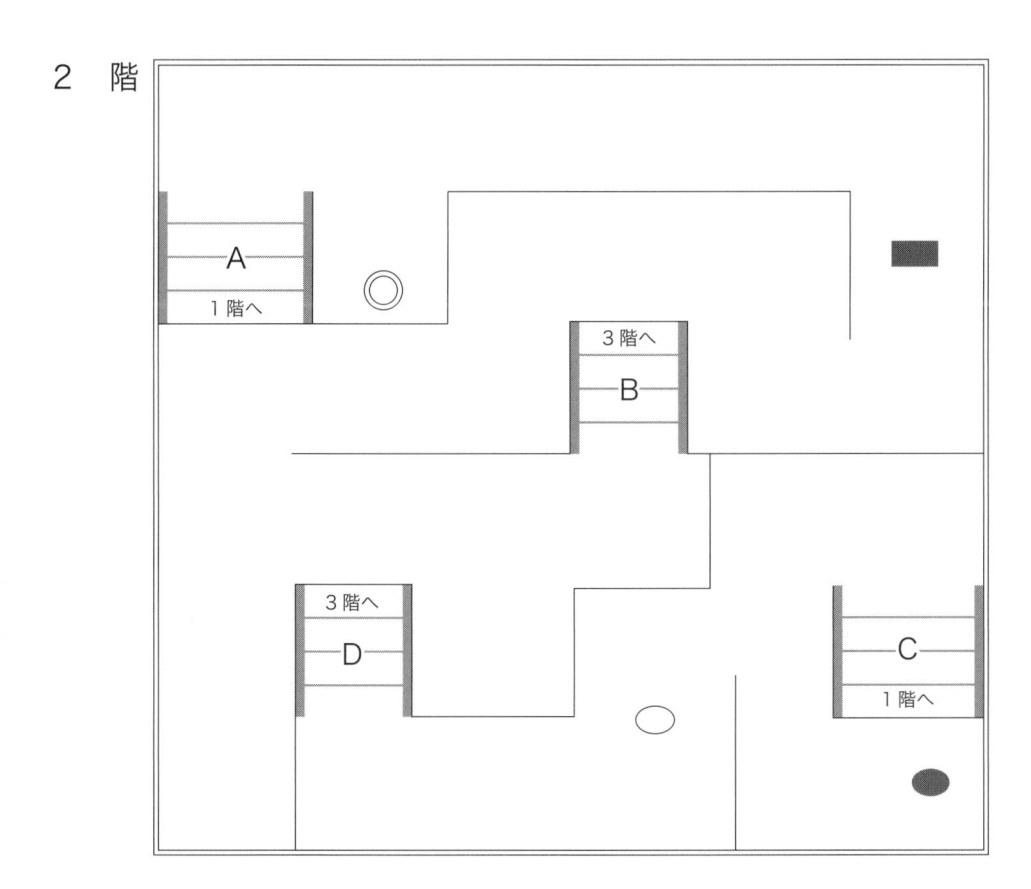

2 階

城 の 地 図 2

1 階

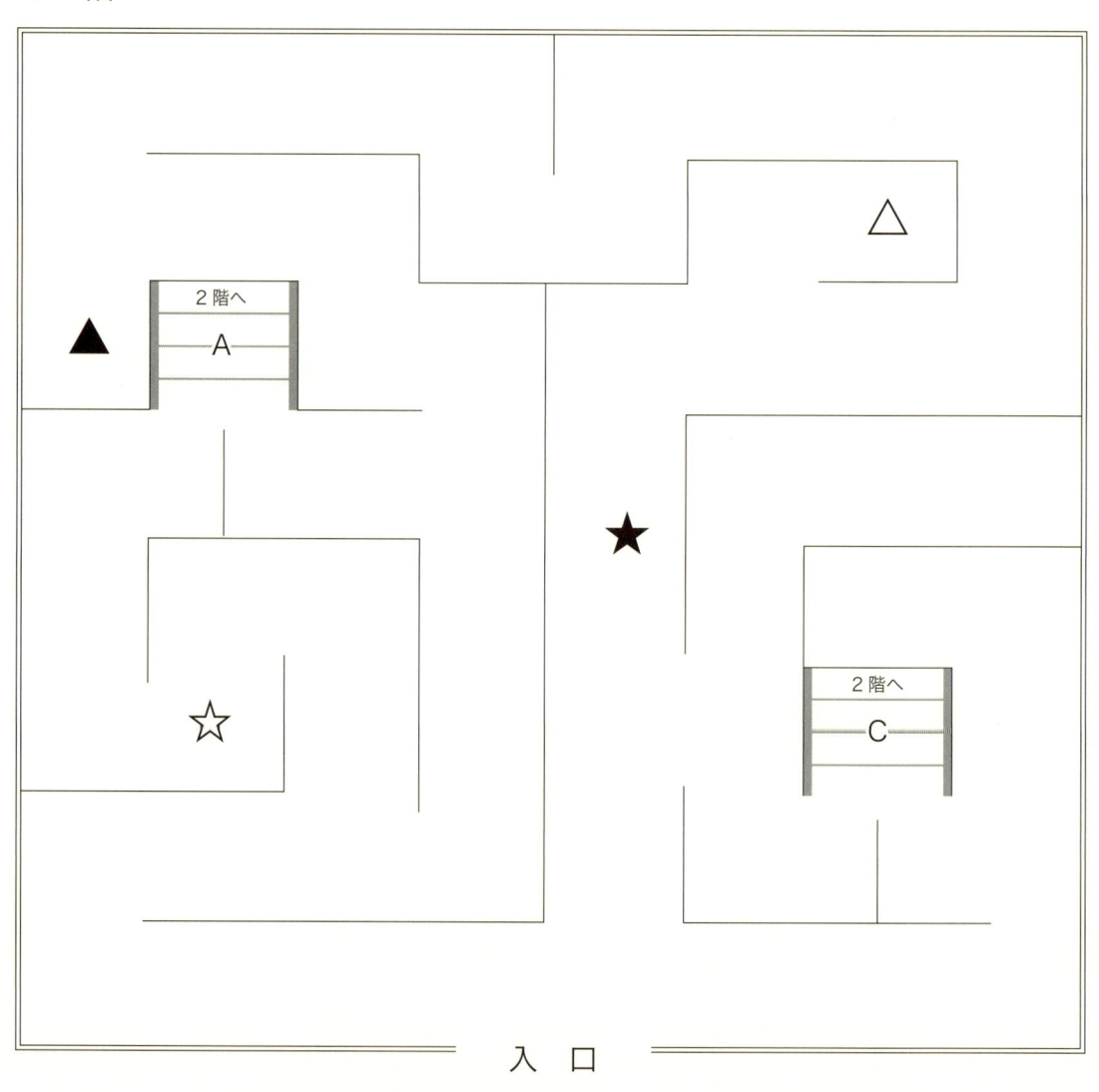

正　　解

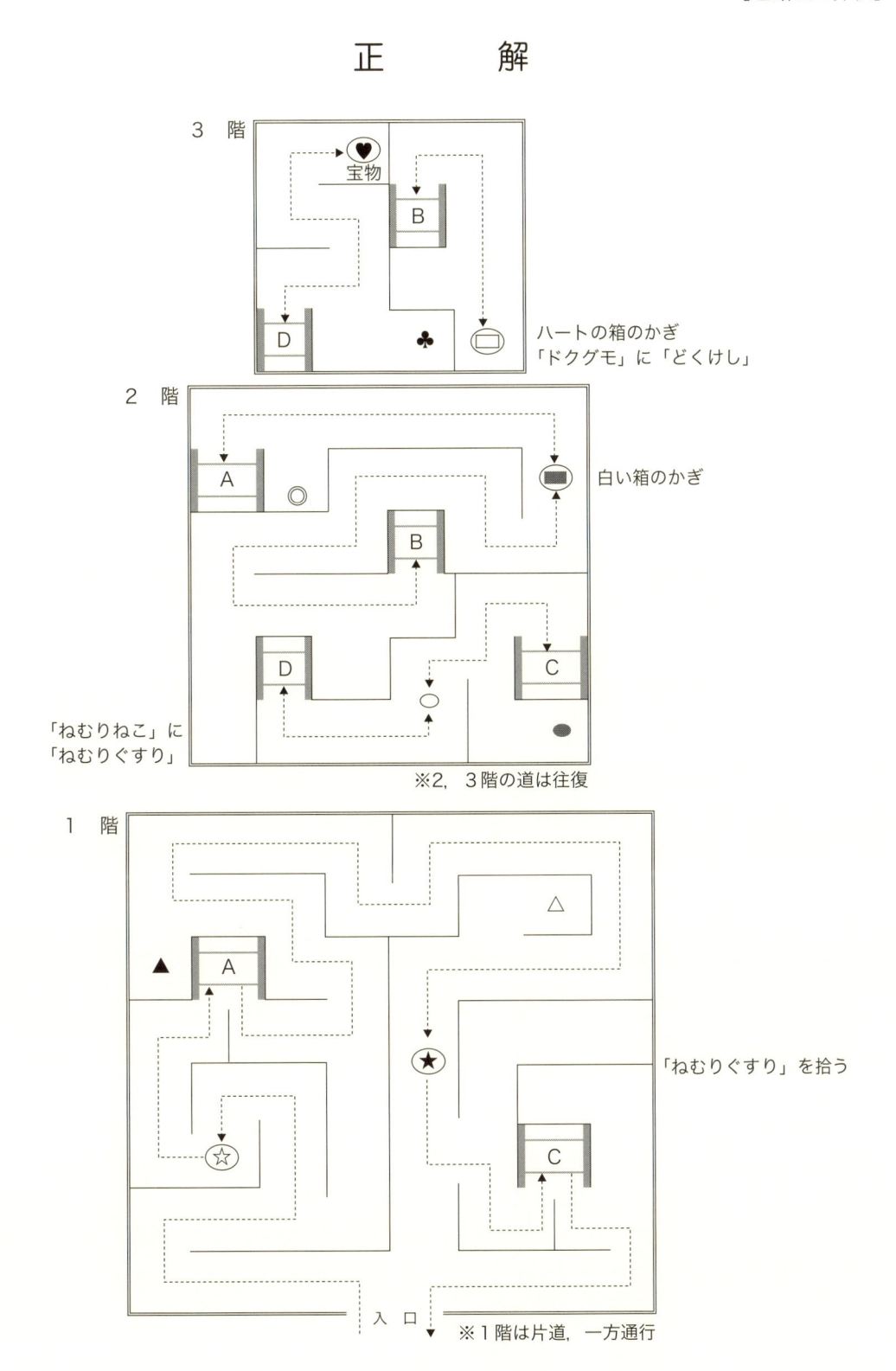

3　階

宝物

B

D

♣

ハートの箱のかぎ
「ドクグモ」に「どくけし」

2　階

A

◎

白い箱のかぎ

B

D

C

「ねむりねこ」に
「ねむりぐすり」

※2，3階の道は往復

1　階

▲　A

△

★

「ねむりぐすり」を拾う

☆

C

入　口

※1階は片道，一方通行

ふりかえりシート

<u>　年　　月　　日　　年　　組　グループ名　　　　　名前　　　　　　　　</u>

今のグループの様子を思い出して，書きましょう。

1．みんなをまとめようとした人は，だれですか？

さん

　　　その人の言葉や行動を，具体的に書きましょう。

2．情報をわかりやすく，正確に，伝えようと工夫していた人は，だれですか？

さん

　　　その人の言葉や行動を，具体的に書きましょう。

3．情報をタイミングよく，話していた人はだれですか？

さん

　　　その人の言葉や行動を，具体的に書きましょう。

4．「迷路城の探検」をして，思ったことや気づいたことを書きましょう。

3. 間に合うか？　子どもオリンピック!!

[ねらい]

1. 人の話をよく聴いたり，タイミングよく話したりすることの大切さに気づく。
2. 情報を集め，まとめる方法を体験する。

[準備するもの]

1. 指　示　書　　　　　　　1グループ1枚
2. 情報カード　　　　　　　1グループ1セット
3. 課題シート　　　　　　　1グループ1枚
4. 筆記用具　　　　　　　　1グループ1本
5. クレヨンまたは色鉛筆
　　（赤・黄・緑・青・黒が入っているもの）
　　　　　　　　　　　　　1グループ1セット
6. 正　　　　解　　　　　　1グループ1枚
7. おまけの正解　　　　　　1グループ1枚

[時間配分]　　　　　　　　45分

1. 準備・説明　　　　　　　　5分
2. 実　　施　　　　　　　　20分
3. 結果確認　　　　　　　　　5分
4. ふりかえり　　　　　　　10分
5. ま　と　め　　　　　　　　5分

[すすめ方]

1. 準備・説明

① グループ（5〜6人）に分かれ，机を囲んで座らせる。
② 筆記用具を各グループ1本用意させる。
③ 〈指示書〉〈課題シート〉〈情報カード〉を配る。
　「カードは，裏返しにしたままトランプのようによく切って，みんなに配ってください」
④ 〈指示書〉を読み，内容を説明する。また約束を読み上げ確認する。質問があれば，受ける。

2. 実　施

① 「それでは始めましょう」
② 終わったグループに，〈正解〉とクレヨンを配る。早く終わったグループに［おまけ］（課題）をするように伝える。

3. 結果確認

　「〈おまけの正解〉は，オリンピックの五輪です」

4. ふりかえり

① 〈ふりかえりシート〉を配る。
② 話し合わないで記入させる。
③ グループごとに〈ふりかえりシート〉の項目に沿って発表する。

5. まとめ

① グループごとに話題になったことを簡単に発表する。
② 発表をもとに，ねらいに沿ってまとめる。

[留意点]

- ［おまけ］（課題）の正解発表の後，オリンピックの五輪の意味について説明してもよい。
- 「色は左から青，黄，黒，緑，赤の順でこの五色と地色の白を加えた6つの色を組み合わせると，世界の国旗のほとんどが描けることから，世界は一つという意味でこの色を選んだ」
　（『オリンピックを知ろう！　21世紀オリンピック豆辞典』㈱楽　より）

指　示　書

　みなさんは，選手として子どもオリンピック会場にやってきました。
それぞれの会場で競技に参加します。

　ところが，大切な会場の地図を空港でなくしてしまいました。みんなで，情報を
集めて，「オリンピック会場の地図」を完成させてください。もうすぐ競技が始ま
ります。

　なんとしても，20分で地図を完成させてください。

や　く　そ　く

- 情報は，言葉で伝えましょう。

- 人のカードを見たり，自分のカードを人に見せたり，渡したりしないでください。

- ただし，〈課題シート〉にメモをすることはできます。

情 報 カ ー ド 1

1. 「フラフープ会場」の
   2ポイント北，1ポイント東には
   「鉄ぼう会場」があります。

2. 「ハードル会場」から
   「はばとび会場」が見えます。

3. 「はやくち言葉会場」
   「なわとび会場」「けん玉会場」が
   あります。

4. 2と10の中間地点には
   「竹馬会場」があります。

5. 「お笑い会場」の東どなりでは，
   ドッジボールをしています。

6. リレー会場のすぐとなりの
   会場では，「こま」で競技が
   行なわれます。

7. 「リの1」ポイントは
   「野球会場」です。

8. 鉄ぼう会場の3ポイント西
   からは「生麦，生米，生卵」
   という声が聞こえてきます。

9. オの列には，「計算会場」と
   「サッカー会場」と
   「はばとび会場」があります。

10. 「オの6」ポイントは
    「計算会場」です。

情 報 カ ー ド 2

11. リの列には「○ー○○」を
いくつも飛び越える競技の会場
があります。

12. 「鉄ぼう会場」の北には，着
地すると砂まみれになる競技の
会場があります。

13. 三角屋根の東どなりは，
「ドッジボール会場」です。

14. 8の列には，「将棋」と
「フラフープ」の会場があります。

15. 「竹馬会場」の4ポイント東
には「なわとび会場」があります。

16. 穴のあいた玉で，さらの技を
きそう会場は，「3のン」のポイ
ントにあります。

17. ツの列には
「フラフープ会場」と
「はねつき会場」が
あります。

18. 「野球会場」の2ポイント東,
1ポイント北にはゴールを守る
競技の会場があります。

19. ピの列には，「たこあげ会場」
があります。

20. グレーに塗られた屋根の会場
は，むかしの遊びをする会場で
す。

課題シート

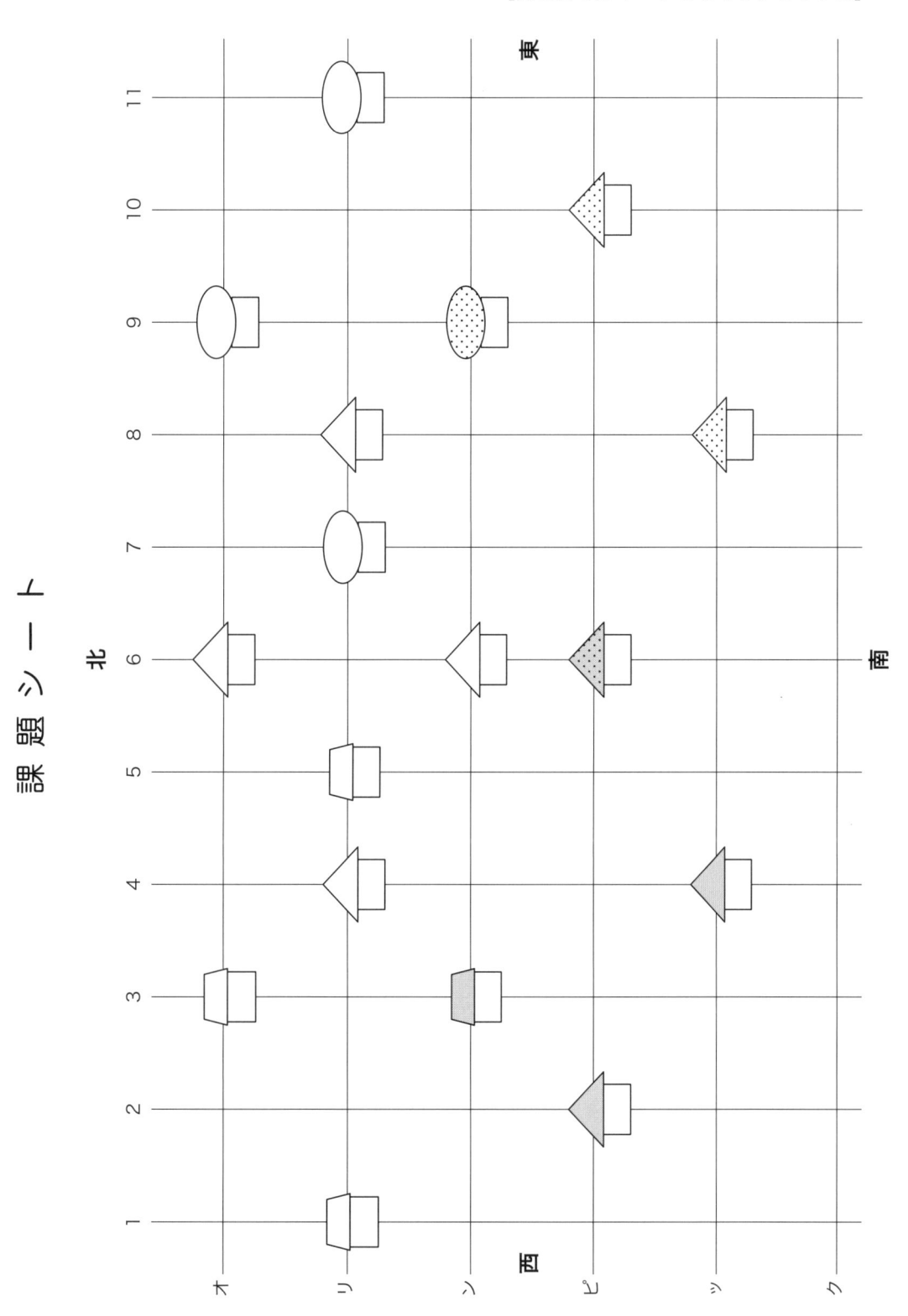

正　解

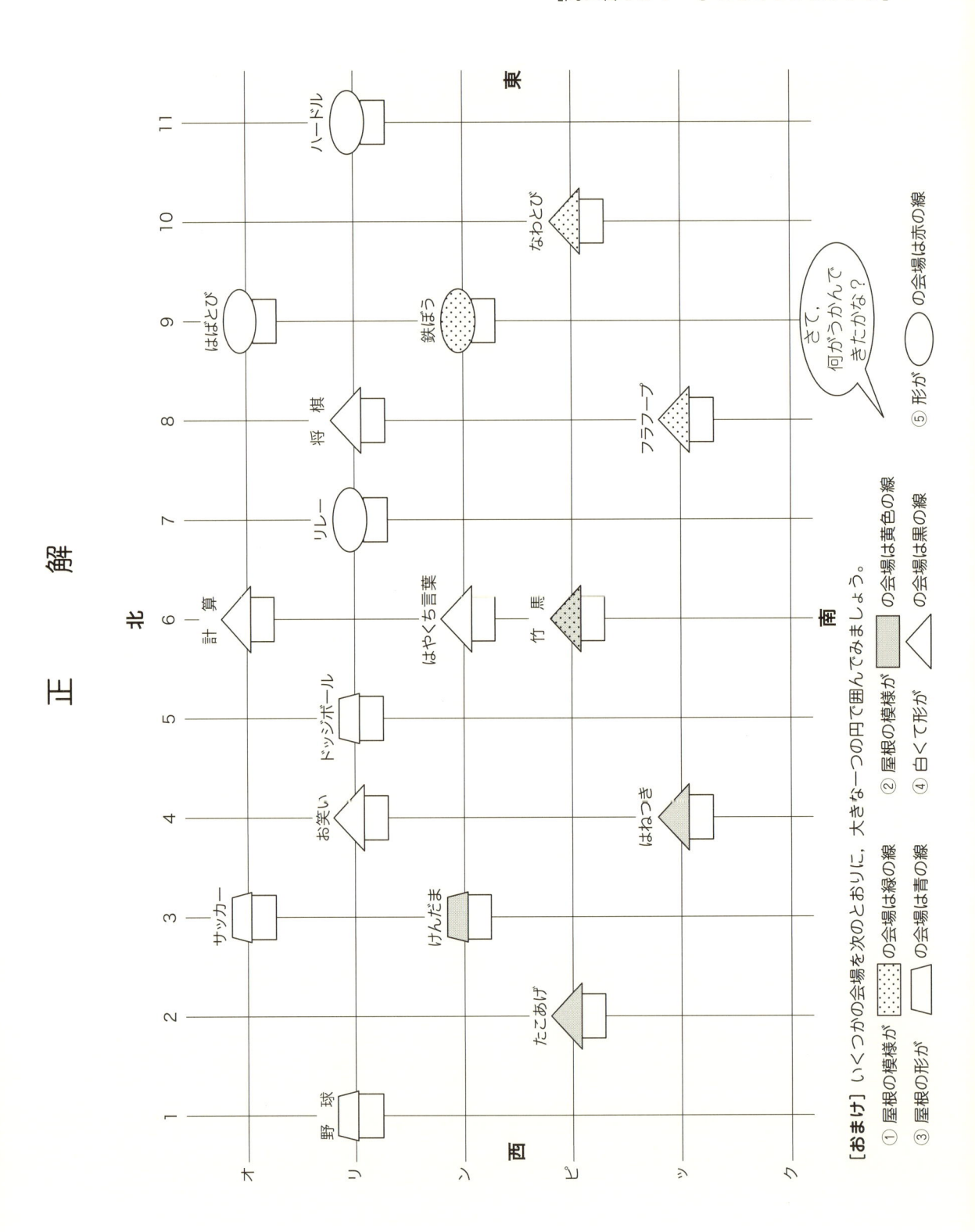

おまけの正解

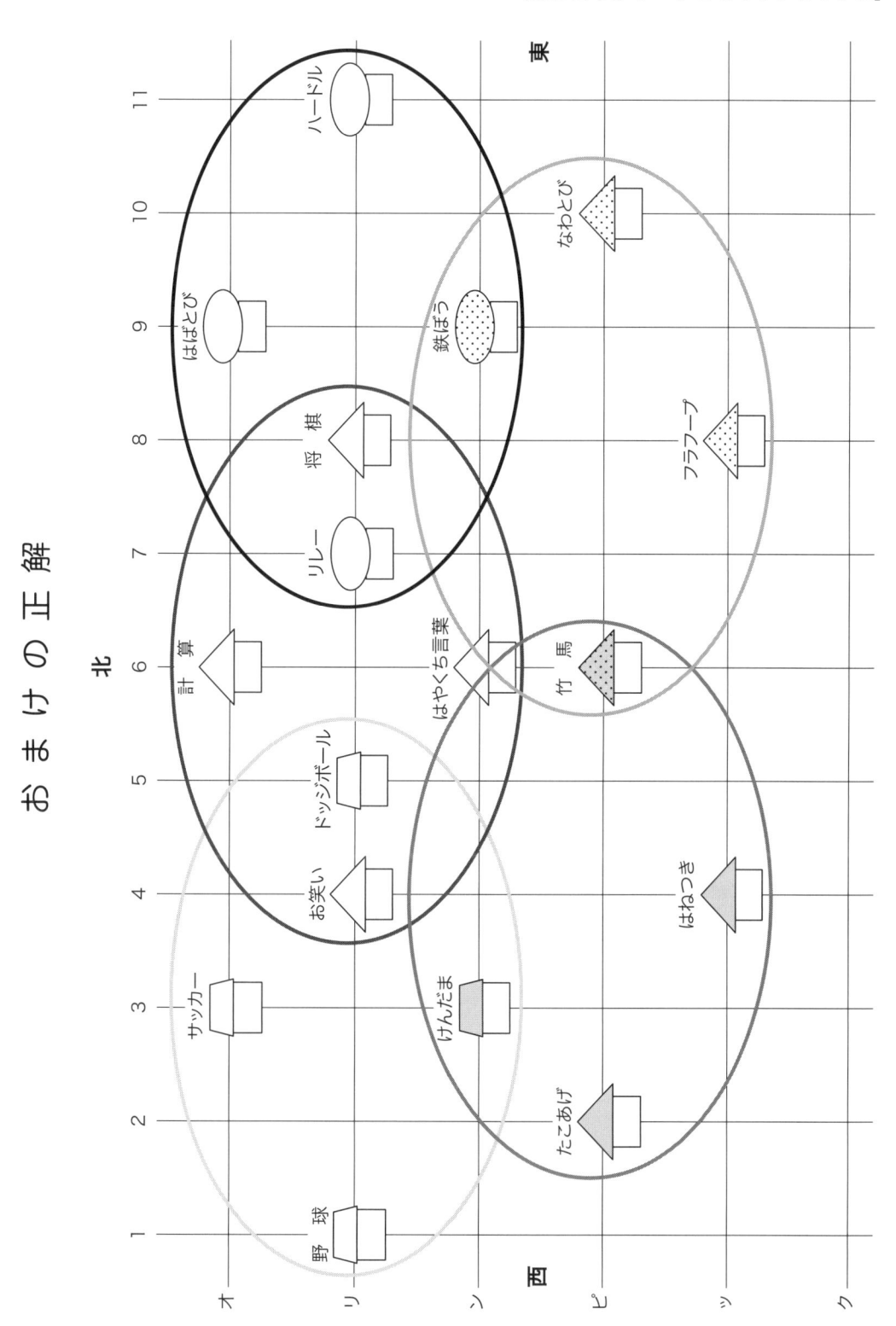

東

北

西

オ　リ　ン　ピ　ッ　ク

ハードル　11

なわとび　10

はばとび　9　鉄ぼう

将棋　8　フラフープ

リレー　7

計算　6　はやくち言葉　竹馬

ドッジボール　5

お笑い　4　はねつき

サッカー　3　けんだま

たこあげ　2

野球　1

ふりかえりシート

年　　月　　日　　年　　組　グループ名　　　　　　名前

今のグループの様子を思い出して書きましょう。

1. 自分の情報を，正確に伝えることができましたか。

　　　　できた　4————————3————————2————————1　できなかった

2. 自分の情報を，タイミングよく伝えることができましたか。

　　　　できた　4————————3————————2————————1　できなかった

3. 友だちの情報を，正確に聞くことができましたか。

　　　　できた　4————————3————————2————————1　できなかった

4. グループに協力できましたか。

　　　　できた　4————————3————————2————————1　できなかった

5. そのほかに，思ったことや気づいたことを書きましょう。

IV よ〜く聴こう！
（聴き方を学ぶGWT財）

1. マルトセン

[ねらい]

1. 伝えたいことが，相手にそのまま正確に伝わっているとは限らないことに気づく。
2. 伝えられたことが，自分の思い込みによって，正確に受け取っているとは限らないことに気づく。
3. 情報を伝えたり受け取ったりするときに，何に気をつけたらいいかについて考える。

[準備するもの]

1. 筆記用具　　　　　　　　　　各自
2. B5の白紙　　　　　　　　1人1枚
3. クレパス　　　　1〜2人に1セット
4. ふりかえりシート　　　　1人1枚

[時間配分]　　　　　　　　　45分

1. 準備・説明　　　　　　　　　1分
2. 実　　施　　　　　　　　　　2分
3. 結果確認　　　　　　　　　10分
4. ふりかえり　　　　　　　　20分
5. ま と め　　　　　　　　　12分

[すすめ方]

1. 準備・説明
① B5大の白紙を配り，説明する。
「これからわたしが言う通りに，その紙にかいてください。周りの人がかいていることは気にしないで，あなたが思った通りにかいてください。質問はできません」
「ここまでに質問はありませんか」
②「それでは，始めます」
2. 実　　施
① 〔指示1〕
「マル（丸）を，1つかいてください」（周りを気にしている子どもがいたら，上記のこと「周りの人がかいていることは気にしない

で，あなたが思った通りにかいてください」を繰り返す）。
全員がかき終わったことを確認する。
② 〔指示2〕
「その上に，セン（線）を1つかいてください」
3. 結果確認
① 全員がかき終わったことを確認する。
「それでは，みなさんがかいたものを見せ合ってみましょう」
② 一通り見せ合ったら，かいたものを黒板に掲示する（似ているものどうしを近くに掲示すると見やすい）。
4. ふりかえり
① 〈ふりかえりシート〉を配り記入する。
② 4〜5人のグループになり，書いたことを発表し合う。
③ ②をもとに，情報を伝えたり受け取ったりするときに，何に気をつけたらいいか話し合う。
5. ま と め
① グループの話し合いで出たことを発表する。
② [ねらい] に沿ってまとめる。

[留意点]

● 「正解」はないこと，たった2つの同じ指示で，まったく同じものが1つもないことに子どもたちが気づくようにする。

ふ り か え り シ ー ト

年　　月　　日　　年　　組　グループ名　　　　　　名前

今の活動を思い出して書きましょう。

1．情報を受け取るときに気をつけたらいいと思うことは，何ですか。

2．情報を伝えるときに気をつけたらいいと思うことは，何ですか。

3．そのほかに，思ったことや感じたこと，気づいたことを書きましょう。

人権感覚を大切にして

　GWTの経験を積んでくると，学級の子どもの実態に合わせて部分的に変えたり，新しい財をつくったりすることがあると思います。そのこと自体はたいへんすばらしいことですが，配慮が必要なことがあります。

　わたし自身，算数の授業で問題場面を実際にゲーム化してやってみたり，テレビに出てくるようなキャラクターを登場させたりしたときに，次のように指導されたことがあります。

　「子どもは確かに問題に引きつけられ，興味をもってやっている。しかし，ここで育てたいのは算数に対しての興味である。それを育てなければ子どもの興味は長続きしない」

　わたしたちがGWTで育てたいのは，「協力っていいな」「自分っていいな」という感覚です。日頃の授業や財開発をする際に，この題材で本質に迫ることができるだろうか，不愉快な気持ちをもつことがないだろうか，ということをしっかり考えていく必要があります。

〈配慮が必要な財の例〉
　　第1巻　ぼくらの編集室
　　第3巻　新聞コラージュ・コピー

V　みんなで納得！
（コンセンサスのよさを学ぶGWT財）

1. ごちそうさまの　そのあとに

[ね ら い]

1. 自分の考えをもち，発表することができる。

2. グループの話をしっかりと聴くことができる。

[準備するもの]

1. 筆記用具　　　　　　　　　　　各自

2. 個人決定シート　　　　　　　1人1枚

3. グループ決定シート　　　1グループ1枚

4. 仕事分担カード　　　1グループ1セット

5. の　　り　　　　　　　1グループ1本

6. ふりかえりシート　　　　　　1人1枚

（個人決定シートの裏に印刷してもよい）

[時間配分]　　　　　　　　　　**45分**

1. 準備・説明　　　　　　　　　　5分

2. 実　　施　　　　　　　　　　18分

（個人3分，グループ15分）

3. 発　　表　　　　　　　　　　10分

4. ふりかえり　　　　　　　　　10分

5. ま と め　　　　　　　　　　　2分

[すすめ方]

1. 準備・説明

① グループ（4〜5人）ごとに分かれ，机を囲んで座るように指示する。

② 〈個人決定シート〉を配り，書かれていることを読み上げ説明する。

（質問があったら受ける）

2. 実　　施

① 〈個人決定シート〉を書くように指示する。

「自分の考えを書きましょう。時間は3分間です」

② 〈グループ決定シート〉〈仕事分担カード〉を配り，説明する。

「〈仕事分担カード〉をシートをの上に置きながら一人ひとりの考えを発表し合いましょう。

そして，グループとしての考えを一つにまとめましょう」

（質問があったら受ける）

「考えがまとまったグループは，後でみんなに発表するので，誰が発表するかや理由も言えるように準備しておきましょう。それでは始めましょう。時間は15分間です」

3. 発　　表

「時間です。1グループ1分間ぐらいでまとまった考えを発表しましょう。理由も簡単に話してください」

4. ふりかえり

① 〈ふりかえりシート〉を配り記入させる。

② 〈ふりかえりシート〉に記入したことを中心に，グループで話し合いをさせる。

5. ま と め

[ねらい]に沿ってまとめる。

今後の給食の片づけに生かせるように意欲づける。

[留 意 点]

● グループ決定のときに，誰か一人のものを選ぶという勘違いをすることがあるので，説明を加えるとよい。

● 発表のときには口頭だけだと聞いている人がわかりにくいので，〈仕事分担カード〉を拡大したものを用意するとよい。

● 実物の食器を貸してもらえれば，カードよりも話し合いをしやすいと考えられる。

● 決めたことは，「次の席替えまで続ける」というような場面設定で，切実感をもって話し合えるようにすると効果的である。

● 毎日の献立により片づける品数が変わるので，そのつどこの話し合いをもとに調整できるようにするとよい。

個 人 決 定 シ ー ト

年　　月　　日　　年　　組　グループ名　　　　　名前

給食のかたづけの仕事分たんを考えましょう。

・仕事分たんは，1日ごとに交代します（4人グループなら4日間で1周します）。
・グループの人数に合わせて，それぞれの人が分たんするものに○をつけましょう
　（5人グループは，⑤の仕事も考えましょう）。

①	②	③	④	⑤
牛乳パック	牛乳パック	牛乳パック	牛乳パック	牛乳パック
ストロー	ストロー	ストロー	ストロー	ストロー
パ　ン ストローのふくろ	パ　ン ストローのふくろ	パ　ン ストローのふくろ	パ　ン ストローのふくろ	パ　ン ストローのふくろ
スプーン	スプーン	スプーン	スプーン	スプーン
フォーク は　し	フォーク は　し	フォーク は　し	フォーク は　し	フォーク は　し
大 ざ ら	大 ざ ら	大 ざ ら	大 ざ ら	大 ざ ら
小 ざ ら	小 ざ ら	小 ざ ら	小 ざ ら	小 ざ ら
カ ッ プ	カ ッ プ	カ ッ プ	カ ッ プ	カ ッ プ
お ぼ ん	お ぼ ん	お ぼ ん	お ぼ ん	お ぼ ん

グループ決定シート

仕事分たんカードをおきながら，グループのみんなで考えましょう。

①	②	③	④	⑤

仕事分たんカード（切りはなしてつかいます）

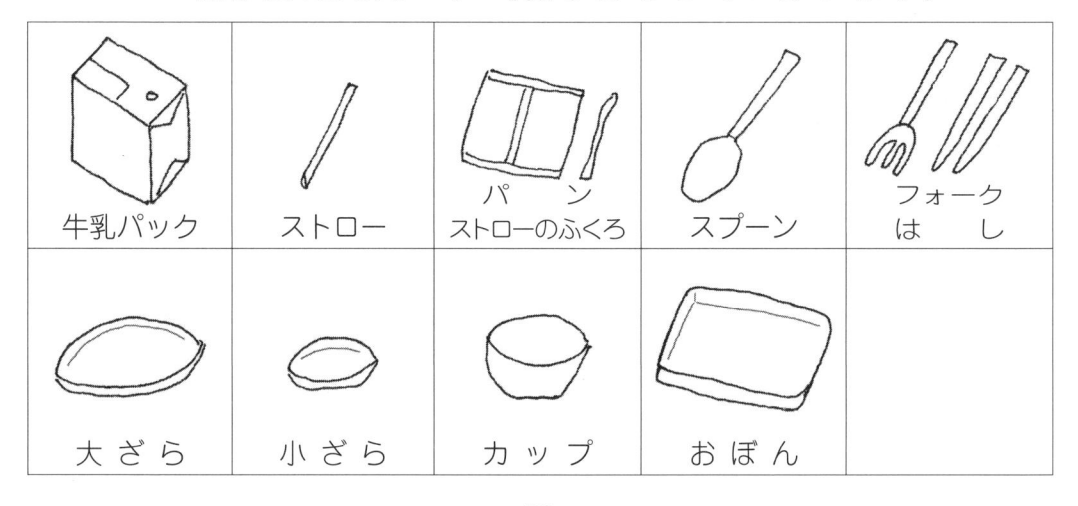

牛乳パック	ストロー	パン ストローのふくろ	スプーン	フォーク は　　し
大ざら	小ざら	カップ	おぼん	

ふ り か え り シ ー ト

　　年　　月　　日　　年　　組　グループ名　　　　　　名前

　今のグループのようすを思い出してみましょう。自分の考えにちかいところに
○をつけましょう。

1．グループのなかで，あなたはすすんで考えを言えましたか。

　①すすんで言えた　　②言えた　　③あまり言えなかった　　④言えなかった

2．友だちの考えをすすんで聴けましたか。

　①すすんで聴けた　　②聴けた　　③あまり聴けなかった　　④聴けなかった

3．みんなは，自分の考えを聴いてくれましたか。

　①よく聴いてくれた　②聴いてくれた　③あまり聴いてくれなかった　④聴いてくれなかった

4．みんなで話し合うときに，どんなことに気をつけたらよいと思いますか。

5．「ごちそうさまのそのあとに」をして，思ったことを書きましょう。

2. ゆうえんちで あそぼう

[ね ら い]

小集団でのグループ討議による集団決定の過程を体験的に学ぶ。

① 相互に意見を出し合い，聴き合い，取り入れながら，全員が納得して決定する大切さに気づく。

② 時間内に課題を達成する大切さに気づく。

[準備するもの]

1．筆記用具	各自
2．課題シート	1人1枚
3．ふりかえりシート	1人1枚

[時間配分] **45分**

1．準備・説明	2分
2．実施（個人決定）	5分
3．実施（グループ決定）	20分
4．結果確認・発表	8分
5．ふりかえり	8分
6．ま と め	2分

[すすめ方]

1．準備・説明

① グループ（4〜5人）ごとに分かれ，机を囲んで座る。

② 〈課題シート〉を配り，読み上げて説明する。

③ 質問があれば受ける。

2．実施（個人決定）

「まず，自分の考えを書きましょう。時間は5分です」

「それでは，始めましょう」

3．実施（グループ決定）

「まず，みんなが選んだものを発表し合い，表に書き入れましょう」

「それからグループで話し合います。多数決では決めません。それぞれがどうしてそれを選んだのか出し合い，聴き合い，取り入れながら話し合ってください」

「時間内にグループとしての考えを決めましょう。時間は20分間です」

「それでは，始めましょう」

4．結果確認・発表

「時間です。1グループ1分くらいで，まとまった考えを発表してください」

5．ふりかえり

① 〈ふりかえりシート〉を配り，記入する。

② グループ内で，項目に沿って発表し合う。

6．ま と め

① [ねらい] に即してまとめる。

② 「みんなで話し合って考えを一つにまとめるとき，どんなことに気をつけたらいいと思いますか」

[留 意 点]

● クラスの実態によって難易度を変えたい場合は，条件を変えてもよい。

[例]

・シールを20枚にする。

・ジェットコースターと観覧車にはすでに乗ったことにして，シールを8枚にする。など

感情の相互受容

　この財は，［ねらい］にあるように「全員が納得して決定すること（コンセンサス）」を体験できるようにつくりました。

　コンセンサスによる集団決定をする際には，相互に意見を出し合い，聴き合いながら意見の違いを明らかにして説得し合い，考えを練り上げる段階があります。自分の意見を押しつけたり，決めつけたりして相手を言い負かすわけではありません。

　けれども，一生懸命説得しようとするあまり，理屈が先行して，感情が置いてきぼりになってしまうことがあります。「あなたの言うことは理解できるが，気持ちがすっきりしない」というようにです。何かを決めようとするとき「好き，嫌い」や「好みに合う，合わない」といった感情面のことは話題にしにくいということが前述のような気持ちを起こしてしまう原因の一つでしょう。

　「ゆうえんちであそぼう」では，この感情面のことを素直に話題にすることができます。
　　「バイキングに乗ると，気分が悪くなる」
　　「お化け屋敷はどうしても好きになれない，苦手だ」
　　「一度乗ってみたいと思っていた」
　　「遊園地に行ったら，ジェットコースターに乗らないと行った気がしない」
などの意見がきっと出るはずです。そのうえで説得できてこそ，他の財では乗り越えにくい，感情面も含めたコンセンサスが得られると期待しています。

課　題　シ　ー　ト

　さあ，みんなで，遊園地で遊びましょう。グループ行動なので，みんな同じもの
に乗ります。遊具に乗ったり，お店屋さんで買い物をしたりするには看板に書いて
ある数のシールが必要です。入場券には，15枚のシールがついています。

1．15枚のシールを何につかうか，はじめに自分の考えを書きましょう。
　　選んだものに○をつけます。時間は5分間です。

2．みんなが選んだものを発表し合って，表に書き入れましょう。

3．みんなで相談して，何につかうか決めましょう。
　　多数決ではなく，話し合いで決めましょう。
　　時間までに決めます。時間は20分間です。

名　前	自　分					グループ 決　定
ジェットコースター(6)						
バイキング　　　(6)						
かんらん車　　　(5)						
おばけやしき　　(5)						
メリーゴーランド　(2)						
コーヒーカップ(2)						
ゴーカート　　　(2)						
ボ　ー　ト　　　(2)						
アスレチック　　(1)						
ソフトクリーム　(1)						
ポップコーン　　(1)						
ジュース　　　　(1)						

※（　）はシールの枚数。

ふりかえりシート

年　　月　　日　　年　　組　グループ名　　　　　名前

1．今のグループの様子を思い出して，○をつけましょう。

① あなたは考えを十分言えましたか。

十分言えた　4————————3————————2————————1　言えなかった

② あなたは友だちの考えを十分聴けましたか。

十分聴けた　4————————3————————2————————1　聴けなかった

③ みんなは，あなたの考えを聴いてくれましたか。

聴いてくれた　4————————3————————2————————1　聴いてくれなかった

2．みんなで話し合うときに，どんなことに気をつけたらよいと思いますか。

3．「ゆうえんちであそぼう」をやって，思ったことを書きましょう。

3. いわれてうれしい言葉

[ねらい]

1. 活動のなかで他者と関わりながら，自分のなかで起こるいろいろな気持ちに気づく。
2. 今までの自分の経験をふりかえり，他者から言われてうれしかった言葉を思い出す。
3. 小集団によるグループ討議による集団決定の過程を体験的に学ぶ。
   ・多数決でない方法で決定する方法を知る。
   ・相互に意見を出し合い，聞き合い，取り入れながら，決定する過程を体験する。
   ・言葉の解釈が人によって違い，話し合うことで，互いに理解し合えることに気づく。

[準備するもの]

1. 筆記用具　　　　　　　　　　　各自
2. 課題シート（個人用）　　　　1人1枚
3. 課題シート（グループ用）
   　　　　　　A3に拡大，1グループ1枚
4. ふりかえりシート　　　　　　1人1枚

[時間配分]　　　　　　　　　　**45分**

1. 準備・説明　　　　　　　　　　2分
2. 実施（個人決定）　　　　　　　5分
3. 実施（グループ決定）　　　　　18分
4. 発表　　　　　　　　　　　　　5分
5. ふりかえり　　　　　　　　　　13分
6. まとめ　　　　　　　　　　　　2分

[すすめ方]

1. 準備・説明
   子どもたちを4～5人のグループに分け机を囲んで座るように指示する。
2. 実　施（個人決定）
   ① 〈課題シート（個人用）〉を配り，説明する。
   「これから，みんなで考えを出し合い，話し合って，言われてうれしい言葉ってどんな言葉

かを考えたいと思います」
「そのためには，まず，一人ひとりがしっかりとした考えをもつことが大切です」
   ③ 課題を読み上げる。
   ④ 注意事項を伝える。
   「これから，それぞれが自分の意見を考える時間です。他の人と相談したり見せ合ったりしないでください。また，選んだわけを簡単にメモしておくと，グループの話し合いのときに便利です。1人で考える時間は5分です」
   （質問があれば，受ける）

3. 実　施（グループ決定）
   「鉛筆を置いてください。これからグループで話し合います」
   〈課題シート（グループ用）〉を配り，読み上げる。質問があれば，受ける。
   「まず，みんなが選んだものを発表し合い，表に書き入れましょう」
   「それでは時間内にグループとしての考えを決めましょう。時間は18分です」
   「それでは，始めましょう」

4. 発　表
   「時間です。1グループ1分くらいで，決まったことを発表してください」

5. ふりかえり
   ① 〈ふりかえりシート〉を配り記入させる。
   ② 〈ふりかえりシート〉に記入したことを中心に，グループ内で話し合う。

6. まとめ
   [ねらい]に沿ってまとめる。

課 題 シ ー ト

　年　　月　　日　　年　　組　グループ名　　　　　名前

一人で考えて決めましょう。

あなたが，友だちから言われてうれしい言葉は，どんな言葉ですか？
あなたが友だちから言われてうれしいと思う言葉を４つ選んでください。
また，その言葉を選んだ理由もかんたんに書いてください。

- いっしょでうれしいな
- おはよう
- いっしょにやろう
- ごめんね
- すげぇ！（すごい！）
- なんとかなるよ
- ありがとう
- よかったね

- どうしたの？
- いいじゃん！
- すきだよ
- がんばったね
- やったね
- いっしょにあそぼう
- 楽しかったね

〈選んだ言葉を書きましょう〉

〈選んだわけ〉

課題シート（グループ決定）

_____はん

グループのみんなで，話し合って決めましょう。（18分間）
　ルール1　自分の意見をしっかり伝えてください。
　ルール2　メンバーの意見をしっかりきいてください。
　ルール3　多数決でなく，話し合いで決めてください。
　ルール4　時間までに，一つでも多く，決めてください。

年　　　月　　　日

名　　前	いわれてうれしい言葉			

グループの決定				

ふ り か え り シ ー ト

年　　月　　日　　年　　組　グループ名　　　　　　名前

今のグループでの活動を思い出してみましょう。

1．あなたは，すすんで考えを言えましたか。

　　　　　すすんで言えた　4———————3———————2———————1　言えなかった

2．友だちの考えを，すすんできけましたか。

　　　　　すすんできけた　4———————3———————2———————1　きけなかった

3．みんなは，あなたの考えをきいてくれましたか。

　　　　　きいてくれた　4———————3———————2———————1　きいてくれなかった

4．今の話し合いのなかで，うれしかったことにどんなことがありましたか。

5．そのほかに，思ったこと，気づいたこと，感じたことがあったら，書いてください。

4. みんなのための時間割

[ねらい]

小集団でのグループ討議による集団決定の過程を体験的に学ぶ。

① 多数決でない方法で決定する大切さに気づく。

② 相互に意見を出し合い，聴き合い，取り入れながら決定する大切さに気づく。

③ 時間内に課題を達成する大切さに気づく。

[準備するもの]

1. 筆記用具	各自
2. 課題シート	1人1枚
3. ふりかえりシート	1人1枚

[時間配分] **45分**

1. 準備・説明	2分
2. 実施（個人決定）	3分
3. 実施（グループ決定）	20分
4. 結果確認・発表	5分
5. ふりかえり	12分
6. まとめ	3分

[すすめ方]

1. 準備・説明

子どもたちを4〜5人のグループに分け，机を囲んで座るように指示する。

2. 実施（個人決定）

① 〈課題シート〉を配り，説明する。

「みんなが頑張ったので，半日分の時間ができました。お世話になった人たちや学校のために，その時間をつかいたいと思います。グループで話し合って，何をしたらいいか決めましょう。そのためには，まず，一人ひとりがしっかり考えをもつことが大切です」

② 〈課題シート〉の1のみを読み上げる。

③ 「他の人と相談したり，見せ合ったりしないで書きましょう。また，そう考えたわけを簡単にメモしておくと，グループの話し合いのときに便利です。1人で考える時間は3分です」

3. 実施（グループ決定）

① 「鉛筆を置いてください。これからグループで話し合います」

② 〈課題シート〉の2を読み上げる。質問があれば受ける。

「まとまったグループは，後でクラス全体に発表してください。時間は○○：○○までです。それでは，始めましょう」

4. 結果確認・発表

「時間です。1グループ1分ぐらいで，まとまった考えを発表してください。理由も簡単に付けてください」

5. ふりかえり

〈ふりかえりシート〉を配り，記入させる。

6. まとめ

[ねらい]に沿ってまとめる。

「みんなで話し合って考えを一つにまとめるとき，どんなことに気をつけたらいいと思いますか」

[留意点]

● 話し合うとき，予算，活動場所の範囲，会食をしてもよいかなどの条件を明示するとよい。

● 各グループで出した意見をもとに，クラス全体で話し合い，本当に実施してみてもよい。

課 題 シ ー ト

年 　 月 　 日 　 年 　 組 　グループ名 　　　　　　名前

1. 一人で考えましょう。
　　お世話になった人や学校のために，どんなことをしたいですか。
　　あなたが考えたことを，2つ書きましょう。

2. グループで考えましょう。
　　一人で考えたことを出しあって，4時間分の時間割をつくりましょう。時間
　は20分間です。

1時間目	
2時間目	
3時間目	
4時間目	

ふりかえりシート

年　　月　　日　　年　　組　グループ名　　　　　　名前 _____

今のグループの様子を思い出して書きましょう。

1. グループのなかで，あなたはすすんで考えを言えましたか。

　　　　すすんで言えた　4 ——————— 3 ——————— 2 ——————— 1　言えなかった

2. 友だちの考えを，すすんで聴きましたか。

　　　　すすんで聴けた　4 ——————— 3 ——————— 2 ——————— 1　聴けなかった

3. みんなは，あなたの考えを聴いてくれましたか。

　　　　聴いてくれた　4 ——————— 3 ——————— 2 ——————— 1　聴いてくれなかった

4. 多数決ではない方法で決めるときに，どんなことに気をつけたらよいと思いますか。

5. 「みんなのための時間割」をやって，思ったことや気づいたことを書きましょう。

Ⅵ　友だち発見！ 自分発見！
（友だちから見た自分を知るGWT財）

この章には，互いにどのような「その子らしさ」があるのかを見つけ，文章化し，相手にプレゼントするという形で互いのよさを伝え合う財が載っています。友だちをいろいろな視点から見られるようになるだけでなく，自分が「友だち」というフィルターを通して，自分らしさやがんばりを確かめたり，発見したりすることができるのです。

　このことは，自己肯定感につながり，自分に自信をもてたり，集団のなかでの自分の存在価値を感じたり，次への活動の意欲をもてたりするのです。また，認め合える友だちとの信頼関係の深まりも期待できます。そんな成果をめざして，この財の実施に取り組んでください。

　しかし，友だちと認め合うためには，何でも思ったことを思ったとおりに書けばいいというわけではありません。相手の立場や気持ちになって，言葉を吟味する必要があります。そのための教師の支援は重要です。どんなことを心がけて臨めばいいのでしょうか。

こんなアドバイスを心がけて

　子どもたちはすぐに具体的な友だちらしさを見つけられるようになるのではありません。くりかえし行うことで友だちをいろいろな視点で見られるようになるのです。また，文章表現が十分でなく，具体的に書くことができない子，ふだん友だちとあまり関わっていないために見つけられない子，イメージがつかめない子など，いろいろな子がいます。子どもたちが，友だちのさまざまな「その子らしさ」をたくさん見つけられるようになるためには，教師の支援が大切であり，重要なのです。

● 書かれたところはホントに「その子らしさ」？

　「その子らしさ」とは何でしょう。本人にそのつもりがなくても，書かれた子に，気持ちよく受け取ってもらえないことがあります。多くの場合，「〜で，よかった」という良し悪しの評価を表す言葉が記述されていることがあります。「いいところ見つけ」は決して評価ではありません。ある限られた活動のなかで，子ども一人ひとりが見つけたり認めたりした，その子のがんばっていたことやうれしかった言葉のやりとりなど，その子の感性で捉えたことを伝えるのです。

　伝えるための表現が適しているかどうか，教師が目を通すことが必要です。「適していない」とは，受け手がそれを読んでうれしいと思えない場合です。適していない場合，その書き手を個人的に呼んで，自分でもらう人になったつもりで読んでもらうのがいいでしょう。そして読んだあとの気持ちを聞くのです。

　大切なのは，子ども自身が自分で気づくことです。気づかない場合や譲らない場合，教師が自分の読んだあとの気持ちを伝えたり，活動のねらいをもう一度確かめたりします。本人が気づき，書き換える気になるよう，さまざまな手立てをもっている必要があります。

● 見つけられない子に具体的なアドバイスを

どうしても見つけられずに書けない子がいます。まず，この章の財を実施しようと思ったら，この財の実施の子どもたちの姿を思い浮かべ，その姿をめざして活動に取り組むことがなによりも大切です。

子どもたちにも互いのがんばりを伝え合う活動が最後にあることを知らせ，子ども自身が互いのがんばりを意識しながら活動に取り組めるとよいでしょう。そうして，財実施中にどうしても書けない子がいたら，それまでの活動をふりかえれるような，その子が自分で気づけるような問いを気づくまで問うてみるのです。

教室掲示（係活動の記録，行事に関するもの，図工作品，書写作品など）を見回す方法を提案するのもよいでしょう。見つけようとする気持ちを励ましながら，教師の知っていることをいろいろあげて，ヒントとしたりそこから選択するのも一つです。それでも無理ならその子へのメッセージを書いてもよいと思います。

決して責めてはいけません。「見つけられない」という状態が，その子のクラスへの関わり方の現れだからです。

1. ありがとうを　つたえよう

[ね ら い]

1. 互いのよさやがんばりを見つけ合い，それを伝え合うことができる。

2. 友だちから見た自分を知り，自分のよさを確かめ，自信をもって生活しようとする気持ちをもつ。

[準備するもの]

1. 筆記用具　　　　　　　　　　　各自

2. プレゼントカード（付箋紙）　人数×3

3. 「ありがとうをつたえよう」シート

　　　　　　　　　　　　　　　1人1枚

4. プレゼントカードの渡し方

　　　　　　　　　　　　　1枚1グループ

[時間配分]　　　　　　　　　45分

1. 準備・説明　　　　　　　　　　5分

2. プレゼントカード記入　　　　　20分

3. カード交換　　　　　　　　　　10分

4. ふりかえり　　　　　　　　　　5分

5. ま と め　　　　　　　　　　　5分

[すすめ方]

1. 準備・説明

① グループ（4人）ごとにまとまって座るように指示する。

② 〈プレゼントカード〉を一人に3枚ずつと〈台紙〉を配る。

③ 具体的な言葉を書くように説明する。

〈例〉〜のとき〜してくれてありがとう。

（質問があれば，受ける）

④ 〈プレゼントカード〉が何種類かある場合は，相手のことを考えてどのカードをプレゼントするかを決めるように伝える（「そのカードに書いて」と自分から言わない）。

2. プレゼントカード記入

① 「書き終わった人は，受け取る人がうれしい気持ちになるか読み直して確かめましょう」

② 終了時刻を伝える。

「○時○分までにかきましょう」

3. カード交換

〈プレゼントカードの渡し方〉をもとにカード交換の仕方を確かめる。

4. ふりかえり

〈ありがとうをつたえようシート〉にもらったカードを貼り，その下に読んだ感想を書くように伝える。

5. ま と め

受け取ったカードを読んでいる様子や今回の活動のあたたかい雰囲気を伝え，受け取ったときの様子を大切にするように話す。

[留 意 点]

● グループは4人が適していると考える。4人のグループがつくれない場合は，3人のグループをつくる。

● ハートや星形の付箋紙が市販されているので，それを使うと楽しく書ける。また，切ったり貼ったりする時間の短縮にもつながる。

● 付箋紙を使用する場合は，〈台紙〉にあらかじめ渡す枚数だけ付箋紙を貼っておくと，扱いやすい。

● 〈プレゼントカード〉を自作する場合は，囲みの罫線が絵になっているものを使うと楽しく書ける。色を塗ってもよい。ただし，作業する時間を確保する。

[ミニミニ実践例]

● 3年生の学年遠足後に行った。班のなかでそれぞれの役割（係）を果たしているので，困っている子どもにはそれを中心に書くようにアドバイスをした。

● 高学年の宿泊体験学習では，しおりに「友だちのキラリンを見つけよう」というページを設け，夜の時間などに同じ班の友だちの活動についてメモをしておくように伝えた。それをもとに「自分が見つけたキラリンを伝えよう」というタイトルでこの財を行った。

プレゼントカードの渡し方

① 受け取る順番を決める。

② 全員が立って集まる。

③ Ａさんがはじめにもらうことになったら，Ｂさん，Ｃさん……と班のみんなが

　 Ａさんに渡す。

④ 無言で渡すのではなく，渡すときにカードの文を読んだり，「ありがとう」な

　 ど一言添えたりして渡す。

⑤ お互いに目を合わせ，両手で渡し，両手で受け取る。

⑥ 次にＢさんが同じようにして受け取る。

⑦ 全員のプレゼントが終わったら，台紙に貼り，カードを読み直して感想を書く。

◎ 大切なのは，「気持ちを込めて渡す」ということ。

ありがとうをつたえよう

年	月	日	年	組	グループ名	名前

◎ 友(とも)だちから

◎ 友(とも)だちからもらったカードを読(よ)んで感(かん)じたことを書(か)きましょう。

2. プレゼントシート

[ねらい]

1. 活動の終わりに，お互いのがんばったところを認め合う。
2. 自分の存在感や活動の達成感を感じ，明日への意欲をもつ。

[準備するもの]

1. プレゼントシート
    1人(メンバー) 1枚
2. 色えんぴつ　　　　　　　　　　各自
3. 筆記用具　　　　　　　　　　　各自
4. プレゼントシートの書き方　　　各自
    (拡大して黒板に掲示してもよい。必要に応じて用意する)

[時間配分]　　　　　　　　　　45分

1. 準備・説明　　　　　　　　　　2分
2. 実施1 (プレゼントづくり)　　20分
3. 実施2 (プレゼント交換)　　　20分
4. まとめ　　　　　　　　　　　　3分

[すすめ方]

1. 準備・説明
   　メンバー (4〜6人) で筆記用具を準備して，机を囲んで座る。
2. 実施1 (プレゼントづくり)
   ① 必要な枚数の〈プレゼントシート〉を配り，メンバーの名前を宛名に，自分の名前を右下に書く。
   ② 補足しながら〈プレゼントシートの書き方〉説明書を読み上げ，説明する。
   〈補足するポイント〉
   ・色や形や線，絵を優先する。
   ・どうしても文章でしか書けない子には，相手に合った色で文字を書くとか，文を書いた背景に色を塗るとか，色を使うよ

うにする。
   ・「に」や「と」以外の助詞もよしとする。
   「では，書き始めましょう。困ったら手をあげてください」
3. 実施2 (プレゼント交換)
   　順番を決めて，一人ずつ，全員から〈プレゼントシート〉を受け取る。あげる人は，書いたことを読み上げて渡すと，他のメンバーにも互いのがんばりが伝わり「互いに認め合う」場づくりができる。
4. まとめ
   　もらった今の感想を子どもから拾ったり，この活動を通して先生が感じたことや思いなどを伝えたりして終わる。

[留意点]

● プレゼントづくりをしているときに，子どもの表現に評価の意味合いが濃すぎないよう，必要に応じて助言する。
● この「プレゼントシート」を活動のまとめとしてより有意義な時間とするために，活動の始めに，「プレゼントシート」の時間があることを伝えたり，活動中に仲間どうし互いのがんばりに目が向くような声かけや場の設定をしたりするなど，子どもたちに意識づける支援をしておくとよい。

プレゼントシートの書き方

この時間は…
　いっしょに活動した仲間どうし，自分が知っている仲間のがんばっていたことを，メッセージにして伝え合う時間です。

＿＿＿＿＿＿＿＿＿＿＿＿＿＿＿＿＿＿＿＿（の活動）で，いっしょに活動したグループのメンバー全員にプレゼントの言葉や絵を〈プレゼントシート〉にかいていきます。

1.「あなたががんばっていたなあと，わたしが感じたところ」を，
　　・色や形や線
　　・絵
　　・文章
　など で表現しましょう。
　　できるだけ具体的な場面を思い出しましょう。

2「そんな あなた＿わたし は」には，
　　・あなたの感じたこと
　　・あなたの思ったこと
　など をかきましょう。
　※「＿」には，「に」または「と」を入れてください。

プレゼントシート

_____ 様

_____の活動をとおして，あなたががんばっていたなあ
と，わたしが感じたところは，

```

```

そんな　あなた＿わたしは，

....

....

....

.... より

Ⅶ　外に出よう！
（フィールドGWT財）

1. 公園のひみつをさぐれ

[ねらい]

1. みんなで協力して，課題を達成する喜びを味わう。
2. 情報をわかりやすく伝える。

[準備するもの]

1. 筆記用具　　　　　　　　　各自
2. 課題シート　　　1グループ1セット

[時間配分]　　　　　　　　60分〜

1. 準備・説明　　　　　　　　10分
2. 実　　施　　　　　　　　35分〜
3. 結果確認　　　　　　　　　5分
4. ふりかえり　　　　　　　　5分
5. まとめ　　　　　　　　　　5分

[すすめ方]

1. 準備・説明

① グループ（4〜5人）ごとにまとまって座るように指示する。

② 〈課題シート〉を配り，一人に1枚ずつ渡るようにする（2枚持つ場合もある）。書かれていることを読み上げて説明する。（質問があれば，受ける）

2. 実　施

① 終了時刻を伝える。

「○時○分になったら最後まで終わっていなくてもここに戻ってきて，今のように座りましょう」

② そのほか，必要に応じて公園での諸注意やけがをした場合などの説明をする。

「それでは気をつけて行ってきましょう」

3. 結果確認

全グループが戻ってきたことを確かめ，課題の答えを伝える。

4. ふりかえり

口頭で行うので，当てはまるところに手をあげるように伝える。

・「問題をグループのみんなに伝えられた人？」
・「楽しくできた人？」
・「この後の活動も，今のように協力してできそうな人？」
　など

5. まとめ

[ねらい] に沿ってまとめる。

（この後のグループの活動に生かせるように意欲づける）

[留意点]

● 問題の答え合わせをするときには，協力して課題を解決したことが大切なので，終わっていなかったり，間違っていたりしてもそれにこだわりすぎないように声をかける。

[ミニミニ実践例]

● 3年生の学年遠足で，70分程度で行った。5個の問題を設定し，1グループ4〜5人とした。地図の読み方にとまどったグループは，5個の問題を終えることができなかったが，活動自体は楽しめていた。

● 遠足の午前中にこの活動を行ったので，昼食時や午後の活動でも協力していこうとする意欲を生かす場が設定でき，何かあれば「午前中のように協力してみよう」と声をかけることができた。

[問題例]

● 「ここの木の名前は何でしょう」
● 「この橋の長さは何mぐらいでしょう」
● 「ここにいる馬の名前は何でしょう」

課 題 シ ー ト

組 _____ はん _____

☆マークのところに行くと問題の答えがわかるよ。

※遠足先の地図を貼り、シートを完成させてください。

やくそく

● かならずグループで行動する。
● ポニーセンターのルールをまもる。
　・馬をびっくりさせない。
　・大きな声を出さない。
　・走らない。
　・かってにたべものをあたえない。
　・後ろからそばに近づかない。
● 公園の外へは出ない。

問題は、はんの人に言葉で話して教えます。
この紙を見せて教えてはいけません。

問題2
ここにある木の名前は何でしょう。（5文字）

※答えがそれでよいか、はんのみんなにたしかめてみましょう。

▶ 第 3 部 ◀

How to 援助（Enjo）y
（理論＆実践編）

1. 学校GWTで大切にしていること

1. 学校GWTのめざすもの

　　GWTのねらいは，集団に積極的に参画し，責任を分担して物事に取り組もうとする考えを育てたいということです。

　　GWTでは，教師が子どもに何かを教えるのではなく，子ども自身が自分で気づくことに重点を置いています。自分の考えたこと，感じたこと，友だちや教師の言葉などをきっかけにさまざまなことに気づきます。例えば，次に示す3つの気づきであり，それによって，自ら行動変容していくことを求めています。人の成長は他者が外から変えるものでなく，自らが内から変えるものと考えているのです。

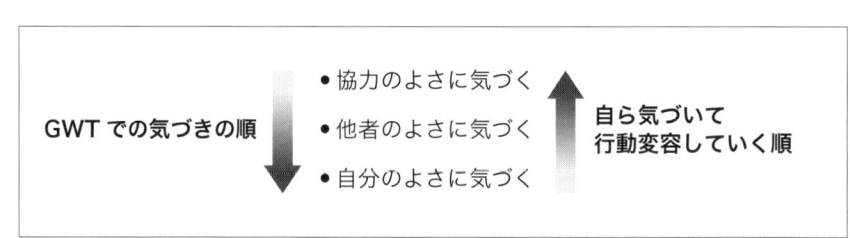

※「よさ」とは，「個性」のことです。

　　「人に優しくしなさい」「なかよくしなさい」「一緒に遊びなさい」と周囲の大人が言っても，本人の内面からやってみようという気持ちが起こらないと実行できないということがあります。

　　ある場面で相手や集団にとってプラスの行動をしたときに，その行動が認められると「やってよかったなあ」「次のときにもやってみよう」という気持ちが生まれます。そして，その子自身の行動変容につながります。学校GWTの場面がそのような循環が生まれるきっかけになると考えています。

　　また，自らの気づきによって，それぞれの子どもが成長していくとともに，集団も成長していくと考えています。「個」と「集団」の両者の成長を大切にしています。

2. GWTの進め方

① 財を選ぶ

　　学級の実態を客観的に分析し，ねらいを明確にして実施する財を決めます。また，子どもたちの学校GWTの経験の度合いによっても，財の選び方が変わってきます。初めて行うときは，マニュアルに示された学年にとらわれず，課題達成が容易なものを選ぶとよいでしょう。なぜなら，「このメンバーなら楽しくでき

るかもしれない」「一人でやるよりみんなでやると楽しい」といった「協力のよさへの気づき」が気づきの第一歩だからです。席替えや遠足などをきっかけにGWTを実施することが, 集団づくりを促進するために有効なのは, そのためです。

［例］

- 席替えをした後に, お互いが仲良くなるきっかけをつくりたい。
  ⇨ 知り合うGWT財
- 遠足の前に協力することのよさを感じ取り, このグループで行くことを楽しみにしてもらいたい。
  ⇨ 力を合わせるGWT財
- 遠足の実施後や席替えをする前に, 今までのグループで互いのよいところを伝え合うことにより, 自分のよいところを知ってほしい。
  ⇨ 友だちから見た自分を知るGWT財

〈学級の実態を分析する視点例〉

○学級全体やグループの雰囲気
　・その雰囲気をつくっているものは何か
　・気になる集団や子どもはいるか
　・担任としてどんなことが気になるか
○子どもたちのコミュニケーション
　・お互いに関わっている量は多いか
　・言葉遣いや励ましなど関わり方の質はどうか

〈財を選ぶ〉

　・知り合うGWT財
　・力を合わせるGWT財
　・情報を組み立てるGWT財
　・聴き方を学ぶGWT財
　・コンセンサスのよさを学ぶGWT財
　・友だちから見た自分を知るGWT財
　・フィールドを使ったGWT財

---

② 準備する

　マニュアルに書かれた［準備するもの］を揃えるだけが, 「準備する」ではありません。財を選ぶ段階で考えた, 学級の実態やねらいに到達するための支援を準備することが大切です。

　子どもたちの動きについて考えるとき, 自分でその財を試してみることが有効です。想定する人数の大人が集まって行えば, より具体的に考えることができます。実際にすることが難しい場合は, 子どもを思い浮かべながら, 「あの子なら

こうなるので，こうしていこう」と実施中の支援を考えます。

　また，十分な実施の時間とふりかえりの時間を確保するためにどうしたらよい
かを考えることも大切です。そのための時間を短縮する方法を考えます。説明の
ときに流れのわかる掲示物を用意する，グループへの配付物をあらかじめ分けて
おき，グループごとに取りに来るなどするとよいでしょう。

③　実施する

　協力したことによる達成感を高められるように見守り，子どもたちの何気ない
行動を見ておきます。そのことにより，ふりかえりのときに「書くことがない」
という子どもに，「Ａさんが書きやすいように，あなたが紙の向きをかえてあげ
ていたよね」とその子どもの具体的な行動を伝えることができます。

　実施中，次のようなことが起こった場合は，働きかけていきます。

- ● ルールが守られていない場合
    「班で見に行ける人は一度に一人だけですよ」などと具体的にルールを確
  かめます。
- ● 場の安全が脅かされそうになった場合
    はさみなどの用具の使い方がうまくできていなかったり，勢いよく走っ
  てしまったりなど，けがにつながるような行動が見られたときには，指導し
  ます。
    また，友だちに対しての言葉かけが，相手の人権を侵害しているようなと
  きにも，その時に応じた指導をする必要があります。
- ● 気になる子どもやグループがある場合
    全体の雰囲気を感じ取りながら，その子どもやグループの様子を見守りま
  す。子どもたちの主体性を尊重しつつ，実施中うまく関われない子どもが
  いた場合は，「何か困っていることがあるの？」などと声をかけることも
  あります。

④　ふりかえり

　子ども一人ひとりが，自分の気づいたことを明確にすることが大切です。ここ
でのふりかえりは「今，ここで，課題解決中に起こったこと」について扱います。
「ふだんのこと」は，切り離して考えます。この切り替えは，子どもだけに任せ
るのは，困難です。声かけなどの支援が必要な場面です。

　小さなことでも，友だちが課題解決のためにしてくれたことについて，認め合
いをします。自分のことが認められると，自信がつき，自己肯定感が高まります。
自分が集団の役に立っているということを認められることにより，集団への所属
感が高まるようになります。

⑤　まとめ

　短い言葉や文でまとめます。感想を発表しただけでは残らないので，キーワー

ドなどを文字にすることは，共通理解のために有効です。この学校GWT財で気づいたことは具体的なので，生活場面でも当てはまる一般的な表現にして教室に掲示しておくと，協力できたときのことを思い出し，日常の生活での行動変容につながるきっかけとなります。

［例］

〈ふりかえり〉

「何をしたらよいのかなと思っているときに，『これ，切って』とはさみをさっと渡してくれたから，うれしかった」

⇩

〈まとめ〉

「みんなで分担をして，やることがあると楽しくできる」

3. GWTからGW（一般化）へ

子どもがGWTで気づいたことを，ふだんの生活のなかで生かせるようにすることが目的です。学級担任の場合は，ふだんの生活で子どもたちが気づいたことを生かせるように，継続的に支援することができます。

45分間かけて行うGWTも有効ですが，一度で身につくというものではないので，小さな気づきの積み重ねを大事にしていきます。日常の活動をGWTの視点をもとに見直してみると，朝の会，帰りの会，掃除当番，給食当番，学習のグループ活動など，すべての学校での活動がGWTの考え方を生かして行うことができてきます。

押しつけることなく，気づきをもとに，子ども自身が変わろうとすることが大切です。

4. わたしにとっての「学校GWT」～日頃実践をしている会員の声より～

● わたし自身の人との向き合い方を見つめさせた学校GWT

学校GWTが子どもたちの人間関係づくりに本当に効果を発揮するには，自分がその根底に流れている考え方や精神を理解して，そのように生きていこうとすることが大切だと思っています。子どもどうし，異質であることを認め合い，生かし合い，支え合い，互いを必要な存在と感じ，共存していく人になってほしいと願ったとき，自分がそのような生き方がいいなと思って実践していなければ，子どもたちへの説得力に欠けます。学校GWTを実施した時間だけ，先生の求めているであろう「気づき（正解）」を上手に言う子どもにしかなりません。

20年近く学校現場で実践し続けながら，子どもたちの声に耳を傾け，子どもたちの必然に学校GWTがフィットしたとき，背中がゾクッとするほどの気づきを，子どもたちはさらっと口にします。そして，その気づきが日常での子どもたちの態度や行動の変容へとつながっていくのです。もちろん，いつもいつもではありません。「やらなきゃよかった……」と思うこともあります。そんなとき，わたしは子どもたちに向かって率直にそのことを述べ，謝ります。というより，

学校GWTを続け，自分の生き方を自問自答し続けるなかで，謝れる自分になれたのだと思います。

（学校GWT歴20年）

● 伝え合うこと

「周りの友だちから，自分はどう思われているんだろう」ということにとても敏感になっていて，「このままの自分でいいのかな」と自信をもてなくなっている子どもが多いように思います。

ふだんは仲良く遊んでいるように思えるのに，「あの子は，私のことをどう思っているのだろう」と不安になっています。そこから，人と関わることに臆病になっていることに気づかされます。

私がグループワーク・トレーニング（GWT）を実施するときは，「メッセージを伝え合う」ということを意識して行うようにしています。「友だちからこう言われてうれしかった。だから自分も，これからは友だちのいいところを伝えていこう」というように感じてもらえたらうれしいと思っています。

学校生活のなかで席替えをしてグループが替わるときに，前のグループのメンバーどうしで〈メッセージカード〉を贈り合う活動も取り入れていますが，「こんなことしてもらってうれしかったよ」「あなたのこんなところがすてきだね」というメッセージを受け取ると，子どもたちはいろいろなことを感じ，自己を肯定することにもなっていきます。

そのような活動を継続していると，子どもたちのなかに友だちを見る素敵な視点がたくさん育ってくるのも感じます。

そんな一つひとつの積み重ねが，日常のなかでも自信をもって友だちと関わっていけることにつながってくるのだと思います。

（学校GWT歴5年）

● 押しつけることなく子どもたちに提示すること

GWTを取り入れることによって，人間関係のあり方について考えてほしいと思っています。

子どもたちを見ていると，人と関わるのが苦手なんだなあと感じます。その傾向は年々強くなってきているのではないでしょうか。もし，いろいろな関わり方を体験的に学ぶことができたら，どんな時にどのような関わり方をしたらいいか，前向きに考えられるようになるでしょう。今より人間関係づくりが楽に，楽しくなると思います。そして，ものの見方や生き方さえも変わる可能性があります。実は，私自身がそうでした。

実施するうえでは，「こう言ったらいい」「そうしない方がいい」などとは，できるだけ言わない，教えない ── 『非操作』であることを忘れないようにしています。GWTを取り入れること自体が，ある価値観や操作性をもっています。関わり方はいろいろあっていいのだから，押しつけることなく子どもたちに提示

することを心がけています。

　また，GWTを実施している時間帯だけでなく，気づいたことは日常的に行動に移せるようになってほしいとも考えています。私の関わり方を例として日常的に提示するとともに，授業を含む学校生活すべてにおいて，GWTの考え方をもとにした指導を続けています。

　子どもたちが，友だちも自分も大切にし，よりよい人生をつくっていってくれることを願っています。

（学校GWT歴19年）

● GWTの日常化をはかる

　グループワーク・トレーニング（GWT）を1時間使って行う，年間を通して継続的に行うことが，子どもたちの力を育てることにつながると考えています。

　しかし，なかなか時間数に余裕がなく，GWTの時間を確保することが難しいのが現状です。そこで最近は，教科学習や学校行事のなかでGWTの考え方を取り入れてその活動を行うようにしています。

　たとえば，グループで理科の実験をするときに何も言わないで始めると，積極的な子どもがいろいろ指示をして，他の子どもは言われた通りに活動して終わりという場合も出てきます。

　始める前に，教師が「だれが何を準備するのか話し合ってから取りに行きましょう」「やることがなくてつまらないなあと思う人がいないようにしましょう」「どうしてその結果になったか，グループの人みんなが説明できるようにしましょう」などと声をかけるだけで，子どもの活動に協力が生まれます。もちろん，このような声をかけなくても子どもたちが協力できればよいので，子どもたちの実態を把握しながら，言葉かけを変えたり，声をかけないように見守ったりするようにしていきます。

　1時間を使って行うGWTの気づきを，ふだんの学習のなかでも生かしていけるように声をかけていくことができるということが，年間通して担任する教師の強みでもあるのです。

（学校GWT歴15年）

2. 「人が学ぶ」しくみ

　人は体験（経験）から多くのこと学びます。何か行動を起こすと，その行動が適していたかどうか反応（フィードバック）が返ってきます。返ってきた反応が自分にとって「快」であれば，そこから，次もそうなるように，あるいはもっと「快」を得られるように工夫します。逆に返ってきた反応が自分にとって「不快」であれば，そうならないように，あるいはそうなりそうになったら回避するようにします。

　そのことを繰り返して，いろいろなことを学ぶのです。しかも，多くのことは無意識に行われます。そうして，人は歩けるようになったり，言葉を話せるようになったり，文字を書けるようになったり，人とコミュニケーションをとるようになったりしていくのです。

　このことを人間関係の関わりづくりに関して，意識化するように学校GWTでは考えています。GWTの理論と方法は，行動科学に基礎をおくラボラトリー・トレーニングの学習理論をベースにしています[1]。「Do（体験）→Look（指摘）→Think（分析）→Grow（仮説化）→Do′，または「Challenge（新たな体験）→Look（指摘）→……」という学習の循環過程[2]です（図）。

　前述したように，この学習の循環過程は，無意識に人の中で起こっています。この循環過程を意識化するために，さまざまな手だてや工夫を財実施の中で行っています。意識化するというのは，学習の循環過程の矢印を濃くしたり，それぞれの丸枠を太くしたりするイメージです。

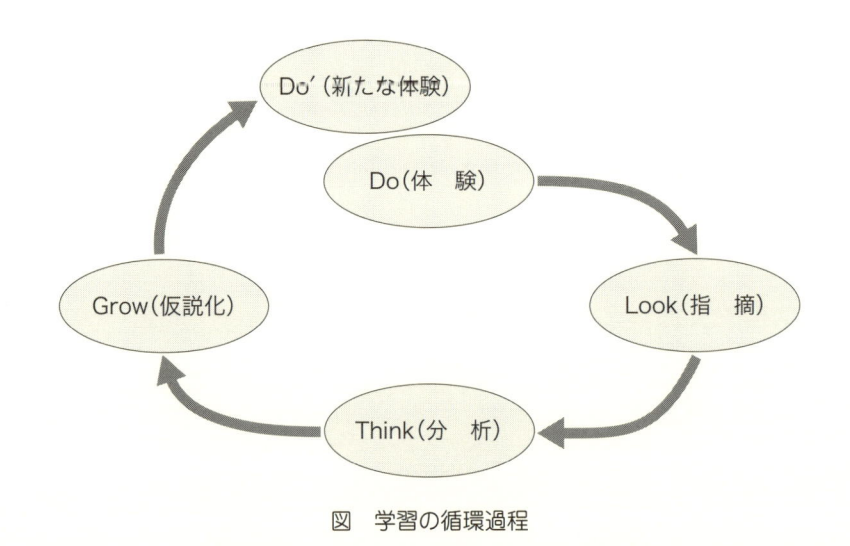

図　学習の循環過程

＊1　横浜市学校GWT研究会，2011『改訂 学校グループワーク・トレーニング』遊戯社，116.
＊2　津村俊充・山口真人編，2006『人間関係トレーニング』第2版，ナカニシヤ出版，1-4.

1. Do（体験）を援助する

　　財自体，どうしても解きたくなる（課題達成）ものを扱っています。夢中になってしまうくらい魅力的かどうか，何度も試行錯誤しながら，練り上げた財です。

　　しかし，課題達成がねらいではありません。課題達成に至るまでの過程（プロセス）でさまざまな葛藤が起こることがねらいです。さまざまな葛藤とは，一人ひとりのなかで起こる葛藤，個と個の間で起こる葛藤，あるいはグループ（集団）内で起こる葛藤を指します。この葛藤が起こるために，関わりを活発にする約束やルール（一人1回ははさみを使いましょう／情報は言葉で伝えましょうなど）が財にはあります。

　　課題達成のために，一人で道具を独占することができません。また，〈情報カード〉を見せずに情報を伝えるため，どうしても声を出さなければなりません。関わりが活発になることで，心のなかにいろいろな葛藤が起こるのです。

2. Look（指摘），Think（分析）を援助する

　　ふりかえりやわかちあいの時間が設定されています。自分のなかで何が起こっていたか，グループに何が起こっていたかをふりかえり（Look／指摘），なぜそのようなことが起こったか分析(Think／分析)をします。ふりかえりでは，〈ふりかえりシート〉があり，ふりかえる視点が項目としてあげられています。その項目を手がかりに，子どもたちは財実施中の自分やグループを思い出し，記入していきます。

　　ここで大切なのは，自分のなかで起こっていたことに善し悪し（評価）はないということです。人は自分の行動をふりかえるとき，どうしてもできなかったことに目が向きやすいものです。そして，それを自己否定につなげて考えがちです。学校GWTでは，できなかったことよりも，できたことに目を向けるよう，項目を工夫しています。

　　たとえば，尺度も「十分協力できた　4-3-2-1　協力できた」で，「0　協力できなかった」はありません。「グループと共にその場にいた」ということが「協力」のスタートラインなのです。自分に何が起こっていたか，グループに何が起こっていたかという事柄に関して，始めは課題達成にばかり目が向き，なかなかその具体的な事柄に目が向きません。ふりかえり項目を工夫することで，子どもたちは徐々に具体的な事柄に目が向くようになっていきます。このことは，また，あとで詳しく述べるのでそちらをご覧ください。

　　個々にふりかえった後，グループでその気づきをわかちあう時間が設定されています。個々の気づきを場に言葉（音声）として出すことで，自分を受け止めてもらえます。他者の気づきを聞くことで「いろいろな人がいる」ことに気づいたり，「そういう考え方もあるのか」と自分の視野を広げたり深めたりするきっかけとなります。

　　また，十分にわかちあう時間がとれない場合は，学級通信などで子どもたちに伝える援助が考えられます。この場合，グループ外の子どもたちにも伝えること

になるので，マイナス面が強調されないようにするなど，必要に応じて配慮が必要になります。

3. Grow（仮説化）を援助する

　「Grow（仮説化）」とは，ここ（GWT実施の時間）での気づきを，日常生活（ここ以外の時間）で子どもたち自身が生かして行動できるようになるためのきっかけづくりのことです。財マニュアルのなかでは，「まとめ」の時間が設定されています。

　子どもたちは，財の実施のなかで，具体的な行動，言葉かけ，場面でいろいろなことに気づきます。しかし，具体的なだけでは活用できないこともあります。そこで，教師が「ねらいに即してまとめる」ことで，仮説化（概念化）することを援助します。「今日，みんなが気づいた協力するって……」「これから協力するときに大切なことは……」といった具合です。

　あるいは，〈ふりかえりシート〉に仮説化を促す項目を入れることも考えられます。「次にもう一度するとしたら……」「明日からの生活に役立つことは……」といった項目です。これをまとめの時間に子どもが発表したり，そこだけ別のカードに書いて掲示したりしてもよいでしょう。

　この経験を重ね，「協力するときに大切にしたいこと」とテーマを与え，子どもたち自身でまとめることができるようになると，より説得力と実感を子どもたちがもつと考えます。なぜなら，自分自身の言葉の方が「自ら気づいて行動変容」しやすいと考えるからです。

4. Do'またはChallenge（新たな体験）を援助する

　気づきを仮説化したその後，絵に描いた餅にならないために，どんな援助ができるでしょうか。

　試みる「場（時間と空間）」を設定することです。しかし，設定しただけでは，なかなか実行することはできません。「場」を設定したら，子どもが意識できるように，さりげなく声かけをすることです。そのときのポイントとしては，できていなかったことではなく「できていたこと」を見つけ，伝えることです。「○○ちゃん，□□君に順番をゆずっててね」「○○さんが一人でいることに気づいて声をかけてたね」といった感じです。

　「無意識に行動していたことに気づく」，このことが「自ら気づいて行動変容」することへの効果的な援助になります。もしそこで，「うん，だってこないだやったことを思い出したんだもん」というような言葉が子どもから返ってきたら，それこそ抱きしめたいくらいうれしいことではありませんか。

　子どもに気づくアンテナを教師が高くしていれば，わざわざ試みる「場」を設定しなくてもよいかもしれません。また，子どもたちどうしが互いのできたことに気づき，伝え合う場をつくることも考えられます。例えば，帰りの会や掃除のふりかえり場面などで，「がんばったこと」「今日，とくにきれいになったところ」

など，ふりかえり項目を工夫することができます。

　日常的に子どものペースで思い出せるように，気づきや次の目標を掲示するなど，工夫することも一つの手だてです。

　学校GWTは，財実施も大切ですが，実施した後が最も大切であり，そこに重きをおいているということが伝わったでしょうか。しかし，残念ながら，このことに関してのマニュアルはありません。なぜなら，子どもも学級も教師も，一人としてまったく同じではないからです。この学習理論を理解し，子どもに気づくアンテナを高くし，ご自身の学級に合った工夫をしてください。

3. 子どもの学びを促進するために

「子どもの学び」とは，「子ども自らが（自分のことに）気づき，行動変容していくこと」を指しています。「子どもの学び」を促進するための大切な要素として，ふりかえりの時間が設定されています。ふりかえりの時間では，活動した時間を思い出し，一人ひとりが自分のなかで起こっていたこと（気づき，気持ち，感情，思考など）を見つめる時間と，いっしょに活動したグループのメンバーやクラスの仲間とわかちあう時間で構成されています。いっしょに活動したグループのメンバーとわかちあうことで，同じ体験でも人によって気づきが多様であることを知ったり，あるいは，予想もしなかったメンバーが似た気づきであることを知ったり，自分の気づきが広がったり深まったりします。

一人ひとりが自分のなかに起こっていたことを見つめるために，〈ふりかえりシート〉があります。〈ふりかえりシート〉に記入中は，一人の時間が保証されます。活動中は何気なく過ごしていたことや，ちょっと目をつぶっていたことなどに，気づく瞬間です。子どもたちが自分の気づきを広げたり深めたりするために項目があります。その項目をヒントに，子どもたちは活動を思い出し，友だちのこと，自分のことをふりかえるのです。

自分のことを見つめ，気づく（ふりかえる）ことも体験の積み重ねです。ふだんは無意識のなかで学びのサイクル（「2.『人が学ぶ』しくみ」参照）を回し，行動変容しています。なので，「ふりかえりましょう」と言われただけでは，何をするのか，何のためにするのか，子どもたちにはわかりません。

そこで，〈ふりかえりシート〉も段階を追って，あるいは子どもたちの実態に応じて，使い分けることが学びを促進するために有効だと考えます。

まず，簡単な視点を与えただけのシート（シート①）を使います。自分のなかで起こっていたこと（感情や気持ち）に目を向けます。あるいは，「話をまとめようとしたのは誰ですか？」「よくはさみを使った人は誰ですか？」など，メンバーの役割に目を向ける視点を与えたシートを使います。

このなかで特徴的なのは，項目4「今の話し合いのなかで，うれしかったことにどんなことがありましたか」という問いかけに，多くの子どもたちは，「自分の意見をちゃんと聞いてくれた」「みんな意見を言っていた」「いろいろな意見が出た」「たくさんがんばっていた」など，「ちゃんと」「みんな」「いろいろな」「たくさん」「がんばった」といったあいまいな表現を使っていることです。これは，今まで，無意識になんとなく見ていた証拠です。しかし，なかには「Aさんが……」「目を見てありがとうと言ってくれてうれしかった」など，具体的に気づいている子どももいます。グループ，あるいはクラス全体でわかちあうことによって，その視点に気づく子も出てきます。

そこで，ちょっと補足を加えます。項目4「今の活動のなかで，協力できたな

ふりかえりシート

年　月　日　年　組　グループ名　　名前

今のグループでの活動を思い出してみましょう

1．あなたは、すすんで考えを言えましたか。
　　　　　　　　　　　　　1　2　3　4
　　　すすんで言えた　├─┼─┼─┤　　言えなかった

2．友だちの考えをすすんできけましたか。
　　　　　　　　　　　　　1　2　3　4
　　　すすんできけた　├─┼─┼─┤　　きけなかった

3．みんなは、あなたの考えをきいてくれましたか。
　　　　　　　　　　　　　1　2　3　4
　　　きいてくれた　├─┼─┼─┤　　きいてくれなかった

4．今の話し合いの中で、うれしかったことにどんなことがありましたか。

> ・自分の意見をちゃんと聞いてくれた。
> ・みんな意見を言っているとき、ちゃんと聞いていた。
> ・みんながいろいろ意見を出してくれたこと。
> 　　　　　　　　　　　　　　　　　　　など

5．そのほかに、思ったことや気づいたこと、感じたことがあったら、書いてください。

ふりかえりシート

年　月　日　年　組　グループ名　　名前

今のグループでの活動を思い出してみましょう

1．あなたは、すすんで考えを言えましたか。
　　　　　　　　　　　　　1　2　3　4
　　　すすんで言えた　├─┼─┼─┤　　言えなかった

2．友だちの考えをすすんできけましたか。
　　　　　　　　　　　　　1　2　3　4
　　　すすんできけた　├─┼─┼─┤　　きけなかった

3．みんなは、あなたの考えをきいてくれましたか。
　　　　　　　　　　　　　1　2　3　4
　　　きいてくれた　├─┼─┼─┤　　きいてくれなかった

4．今の活動の中で、協力できたなあと感じることにどんなことがありましたか。
　　　　　　　（誰の、どんな言葉や行動？具体的に書いてください。）

> ・Aさんがみんなが言っていく問題を全部書いてくれた。
> ・Bさんが問1のとき、「すな場に関係がある人！」と言って、
> 　協力できたと思った。
> ・Cさんが漢字の読み方がわからなかったけど、どういうような
> 　漢字か言ってわかったのでよかったです。
> 　　　　　　　　　　　　　　　　　　　など

5．そのほかに、思ったことや気づいたこと、感じたことがあったら、書いてください。

ふりかえりシート

年　月　日　年　組　グループ名　　名前

今のグループでの活動を思い出してみましょう

1．「算数パニック2」をする中で、だれのどんな言葉や行動がグループの協力の助けになりましたか。
　メンバー全員の名前を書きましょう。そして、それぞれのメンバーが、話したことやしたことを書き
　ましょう。

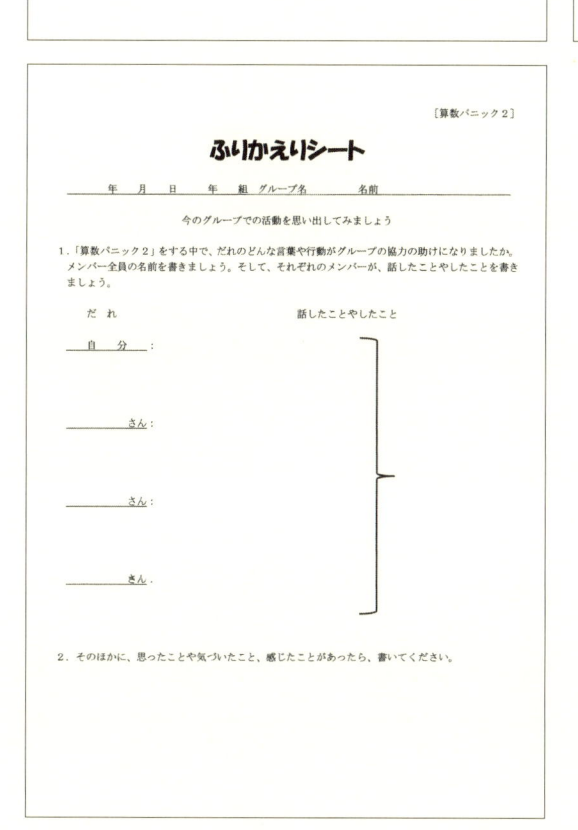

　　　だ　れ　　　　　　　　　　話したことやしたこと
　　自　分　：

　　　　　さん：

　　　　　さん：

　　　　　さん．

2．そのほかに、思ったことや気づいたこと、感じたことがあったら、書いてください。

ぁと感じることにどんなことがありましたか。（だれの，どんな言葉や行動？具体的に書いてください）」という質問です（シート②）。具体的な場面と抽象的な気づきが子どもたちのなかでつながると，子どもたちの気づきに広がりや深まりが出てきます。

　財体験実施中に，前回の気づきが思い出されることもあるでしょう。そうすると，そのようなことをしている仲間に目が向いたり，「（そういうことを）自分がやってみよう」と試みたり，行動に変化が起こるきっかけになります。自分が気づいて，自分の行動を変えてみようと思うのです。その試みは，成功する（思った結果をもたらす）こともあれば，失敗する（思ったとおりの結果にならなかったり，誰にも気づかれなかったりする）こともあるでしょう。しかし，その体験から，また気づきが生まれ，次の行動につながっていくと考えます。

　最終的に，フリーな項目の〈ふりかえりシート〉（シート③）に，自分の気づきが書けるようになるのです。

子どもたちの実態を客観的に分析し，教師がここで何を
ねらっていくのか明確にして実施する財を決めていった実践

(1) 財　　名

「お誕生日　おめでとう」

(『続・学校グループワーク・トレーニング』p. 53「協力すれば何かが変わる」参照)

(2) 子どもの実態

［実施時期］

　5月

［実施対象］

　第6学年32名

［GWTの経験］

　前年度までにGWTの経験はない

(3) 教師の思いや願い

　新しい学年になり，クラス替えもした子どもたちである。とても穏やかな集団ではあるが，その一方で，自分に対して自信がもてないという面が強くあるため，自分の主張をすることも少なく，子どもたちどうしのコミュニケーションもあまり多くはないという実態があった。

　コミュニケーションが少ないゆえに，相手がどう感じているのか，何を思っているのかということがわかりにくく，そのため学級で何かに取り組むときも，個々やグループでは一生懸命にやるのだが，全体で共有したものになかなかなっていかないこともあった。

　教師の方で「もっと話してみればいいのに」と投げかけてみたとしても，高学年ということや集団の特性もあるので，その実態を変えることは難しい。子どもたちにとっては，一方的に「〜させられた」ということしか残らない。それでは意味がない。

　今後の日常生活に生かせるようにするためには，子どもたちが自分たちで気がついていくことができるような取り組みをしていきたいと考えた。

(4) GWT財設定の意図

　少しずつではあるが学級に慣れてきた頃なので，グループで簡単な課題に取り組んでみようと考えた。

　高学年ではあるが，GWTをまったく経験したことのない子どもたちだったの

で，間違い探しが取り組みやすいと考え，「お誕生日　おめでとう」の財を選んで実施した。

　取り組みやすさと同様に，このような課題は達成できたときの喜びがかなり大きい。そして，もしすべてが見つからなかった場合でも，グループで「ここだったのかあ〜」ということも共有できる。

　自分に対してなかなか自信がもてない子どもたちという実態から考えると，このような課題に取り組んでいくことで，自然とグループ内の会話が出てくることが予想された。

(5)　成果と課題

　間違い探しという内容だったためか，とても楽しんで課題に取り組めた。グループの人数も4〜5人なので，話をしやすい雰囲気ができた。実施中は「ここを見てくるね」「いいよ」「確認してきて〜」「OK！」という言葉が自然に出ていたように思う。

　グループのなかでは，「次はここを見てきて」「次は○○さんね」と中心となって声をかけている子がいたり，他の子が間違えている部分を見つけてくると拍手をしている子がいたりとさまざまだった。どの子も，間違いをみつけようとグループに協力して進めることができた。

　ふりかえりでは，「楽しかった」や「間違いが見つかってよかった」という内容のものもあったが，「最後の方はなかなか見つからなかったけれど，○○さんが見つけてくれたとき，思わず拍手していた。みんなで喜んでいてうれしかった」とか，「グループのみんなと『ここを見てこよう』と作戦みたいに話をした。力を合わせてやれた感じがしてとてもよかった」というように，周りの子との関わりを感じて書いている子も多く見られた。

　このふりかえりで出てきた言葉は，しばらく教室に掲示しておくようにした。そうすることで，実際の日常生活の場面でも，「GWTのとき，こうだったよね。だからそうやってみようよ」などの言葉が子どもたちのなかから出てくることがあるからである。

　今回は，子どもたちの実態やGWT経験を考えて，課題達成が容易なものを選び，取り組んでみた。実施のときの子どもの様子を見ていると，どの財にも「低学年〜」「中学年〜」「高学年〜」とめやすはあるが，これにしばられることなく，子どもたちの実態を客観的に分析し，教師がここで何をねらっていくのかを明確にして，実施する財を決めていくことが重要だとあらためて感じることができた。

互いの意見を聴き合い決定する方法を知るための実践

(1)　財　　名
　　　「ゆうえんちであそぼう」（p. 86参照）

(2)　子どもの実態
　　　［実施時期］
　　　　1月
　　　［実施対象］
　　　　第5学年37名
　　　［GWTの経験］
　　　前年度までに，GWTの経験はほとんどない。5年生になってから，「人間コピー」「色えんぴつ忘れちゃった（洋服編）」「色えんぴつ忘れちゃた（気球編）」「しあわせ宅配便」の計4回を経験している。今回は5回目である。

(3)　教師の思いや願い
　　　男子の人数は少ないのだが，一部の男子のカラーがたいへん強いクラスである。
　　　年度始めの男子の傾向としては，何気ないことでも，男女問わず友だちを執拗に責め立てる姿がよく見られた。それと同時に手も出やすく，男子どうしでは取っ組み合いのケンカがよくあった。ただ，悪いことばかりではなく，その子たちはやる気が前面に出ているので，クラスに活気を与えていたことも事実である。
　　　女子は穏やかな子が多く，特定の子としか関わらないグループ化の傾向はあるものの，学級で何かをするときにはリーダー的な子を中心にまとまりが見られた。
　　　男女の関わりとしては，休み時間に学級のみんなで遊ぶ日が週に2回あり，遊びを決めること，遊びの勝敗でもめることはあったが，遊んでいる最中は男女ともに関わって遊ぼうとしている姿が見られた。
　　　男子の一部がクラスの友だちのことを執拗に責め立てる姿は，自分を認めてほしい気持ちが強いのではないか，もしくは友だちと関わりたいが負の関わり方しか知らないのではないかと受け止め，友だちを求めている気持ちに変わりはないと考えた。
　　　力づく，威圧的な態度で認めさせるのではなく，自分がとった行動を友だちから認めてもらえることへの喜びを感じてほしいし，また，友だちのことを認められるような関わり方を覚えてほしい，という願いをもった。もちろん，これは女子にも当てはまっていた。ふだんあまり関わらない友だちにもいいところがあると気がついてもらうためにも，よりよい人間関係をつくっていってもらうために

も必要なことだからである。

　そういう願いをこめて学級経営を行うなかで，友だちの行動を肯定的にとらえられるようにする活動の一つとしてGWTを位置づけ，12月までに4回実施した。回を重ねるごとに，友だちが頑張っていたこと，友だちがしてくれて助かったことなどに気がつける子が増えたことは，とても喜ばしいことであった。

(4)　GWT財設定の意図

　学級のみんなで遊ぶ内容を決めるときには，多数決をしていた。年度始めの学級の実態として，多数決で決まったことでも，意見を強く言う子が決定を覆そうとすることが度々あった。しかし，徐々にではあるが月を追うごとに，多数決で決定したことを受け入れて行えるようになってきた。

　そこで，次のステップとして，友だちがどんな思いをもっているかにまで目を向けられるようになってほしい，お互いが納得して決定することができるようになってほしいという願いをこめて，多数決ではないコンセンサスの集団決定の方法を体験することができる「ゆうえんちであそぼう」の財を実施することにした。

　実施するにあたり，「もう1回同じものに乗りたい！」「1回乗ったから，他のものにした方がいい」と話し合いがより活発になることをねらって，「ジェットコースターと観覧車にはすでに乗っていて，シールはあと8枚残っている」という条件にして行った。

　コンセンサスを体験するのは「ゆうえんちであそぼう」が初めてなので，多数決で決めずに，話し合いをすることで，みんな納得したものに決定することを[1.　準備・説明]のときに丁寧に話をすることを心がけた。

　話し合ってどのように決まっていったのかという「話し合いの過程」を大切にするために，全グループに決定するまでの過程について発表してもらうことにした。そこで，計画の段階で，[4.　結果確認・発表]の時間を8分ではなく，18分とることにして実施した。

(5)　成果と課題

　実施中の様子としては，穏やかに話し合いを進めていたグループが多かった。自分が選んだ理由をしっかり言おう，同様に友だちの理由をしっかり聞こうとしていた様子が見られた。〈ふりかえりシート〉を見ても，「聞くときはしっかり聞いて，話すときはしっかり話す」「みんなの意見を聞きながら，それに対して自分の意見を言う」「みんなの考えを聞いて，よく考えて結果を出す」ということが多く書かれていた。このことからも，お互いの考えを聴き合い，みんなの意見を反映させていこうという気持ちをもちながら話し合いをしていたことがわかる。

　実施をして出た特徴的な結果として，個人決定では全員選んでいたのに，それをやめて他のものをグループ決定にしたり，逆に個人決定では誰も選んでいなかったものをグループ決定で選んだりしていた。このことから，多数決ではなく，話し合いがしっかりされていたと見取ることができる。

また，〈ふりかえりシート〉や発表に「譲り合えてよかった」「みんなが譲り合えば，だれもいやな気持ちにならないんだなと思った」「コーヒーカップは酔っちゃうからどうしてもダメと言ったら，やめてくれたから嬉しかった。だから，他のものは譲ろうと思った」と，譲り合うことについて触れていたものがあった。話し合いをすることで納得できること，さらに譲り合うことの大切さを子どもたちが感じてくれていたことも見取ることができる。

　話し合い活動がより活発になるようにと，実施の条件を変えてみたが，「もう一度，ジェットコースターに乗りたい」ということで，話し合いをしていたのは，10グループ中1グループのみであった。他のグループは1回乗ったから他のものを選ぼうとしていた。観覧車に関しては，1回乗れば十分とどの子も思ったようだ。

　［4．結果確認・発表］で，グループの話し合いの過程を全グループに発表してもらうために，時間を多めに設定しておいたことはとてもよかった。〈ふりかえりシート〉への記入もしやすくなったようである。

互いをじっくり知り合うための実践

(1) 財　　名
「いわれてうれしい言葉」(p. 90参照)

(2) 子どもの実態
[実施時期]
　7月中旬（夏休み直前）
[実施対象]
　第5学年31名
[GWTの経験]
　3，4年生の頃に経験している子どもとそうでない子どもがいる。5年生になってからは，5月に一度体験している。今回は，5年生になって2回めである。
　学年が変わり3ヶ月。高学年になり，委員会活動，宿泊野外学習に向けた学年活動と忙しく，学級としてゆっくり過ごす時間をもつことができていなかった。
　学級全体としては，どの子も優しく，困っている友だちがいれば，声をかけ手伝う姿が多く見られる反面，なんとなくメリハリに欠け，率先してクラスをまとめていこうとする子どもの，表面的な関わりで終わってしまうこともあり，すべての子どもが学級のなかに居場所を見つけられていない実態があった。

(3) 教師の思いや願い
　さまざまな子どもたちがいる。ちょっとした言葉に傷つきやすい子，日本語が不得手な子，気持ちは優しいが言葉が乱暴な子など，個別に支援を必要としている子は何人もいる。先生に頼るだけではなく，一人ひとりが互いに関心をもって積極的に関わろうと思ったり，思いやりをもって優しい言葉かけや働きかけができたりするようになってほしい。そして，子どもにとって学級（学級の友だち）がより安心できる場になってほしい。

(4) GWT財設定の意図
　そんななか，人権を尊重できないような問題が起こってしまった。子どもたちには，起こった問題を真摯に受け止める態度が見られ，もう二度と起きてほしくないといった言葉も聞かれた。反面，「どの子だろう」と友だちを疑ってしまうような様子も感じられた。
　夏休み直前，自分の気持ちに目を向けること，気持ちについて他者と伝え合うことが互いの距離を縮め，心がホッとするということを，体験を通して感じてほ

しいと考え，本題材の実施を考えた。そして，それぞれのこれまでの体験から，「いわれてうれしい言葉」について意見を交わし合いながら，互いの気持ちを知り合ってほしいと考えた。

　また，本時の活動のなかで交わされるやりとりのなかにも，さまざまな気持ちが自分のなかに起こることや友だちとのうれしい関わりがあることに気づけるような場をつくりたい。

　以上のような意図で，本来，コンセンサスのよさを学ぶためにつくったGWT財であるが，自分の考えを根拠をもって十分に話すこと，相手の言わんとしていることを納得のいくまで聴くこと，の2点に重きを置いたねらいや導入での投げかけを工夫し，実施した。

　設定したねらいは，以下の3つである。

◎本活動のなかで，他者と関わりながら，自分のなかで起こるいろいろな気持ちに気づく。

○今までの自分の経験をふりかえり，仲間からいわれてうれしい言葉を思い出す。

○相互に意見を出し合い，聴き合い，取り入れながら決定する過程を体験する。

(5) 成果と課題

　財実施中，ポジティブな言葉が何度も交わされるので，どの子も終始笑顔であった。今回は，「時間内にグループ決定する」ことよりも，「互いの意見を十分に出し合い，聴き合う」ことに重点を置いた導入の言葉かけをしたので，時間内の課題達成に固執することなく，話し合いを充実させることができたと考えられる。

　そのことはふりかえりの記述からも，互いに聴き合えたことがうかがえる。

○あなたは，すすんで考えを言えましたか。

　　すすんで言えた　4 - 3 - 2 - 1　言えなかった
　　　　　　　　　　22　　5　　3　　1　（人）

○友だちの考えを，すすんできけましたか。

　　すすんできけた　4 - 3 - 2 - 1　きけなかった
　　　　　　　　　　22　　6　　2　　0　（人）

○みんなは，あなたの考えをきいてくれましたか。

　　きいてくれた　4 - 3 - 2 - 1　きいてくれなかった
　　　　　　　　　22　　6　　2　　0　（人）

　今回の大きなねらいである「本活動のなかで，他者と関わりながら，自分のなかで起こるいろいろな気持ちに気づく」について，ふりかえりの項目「今の話し合いのなかで，うれしかったことにどんなことが……」では，「みんながぼくの意見を真剣に聞いてくれた。目をこっちに向けてくれた」「みんな真剣にわたしの考えを聞いてくれた」「目を見てうなずきながら聞いてくれた」「自分の意見を言ったとき『賛成意見を言ってください』と言ってくれたのがうれしかった」な

ど，友だちが自分と向き合ってくれたことや受け止めてくれたことへの喜びが書かれていた。

「意見をすすんで言えたし，とまどわずに言えたのでうれしかったです」と発言したことの達成感を感じていた子や，「話し合いができてうれしかったです」「4人とも一番が『すごい！』だったからみんな合ってるな！と思ってうれしくなった」とこの時間をもてたことに満足している子，「○○くんが『ありがとう』と言ってくれたこと。いつもは言われたことがなかったけど言われる感じがわかった」といった体験をした子もいた。

また，「そのほかに，思ったこと，気づいたこと，感じたこと……」の項目では，「みんないろいろな考えをもっていてすごいなあと思いました」「みんな自分の意見を言えてよかった」「これをやって班の子と仲良くできたのでよかったです」「3人の好きな言葉がわかって，今度，言ってあげようと思いました」と，子どもどうしの関わりが促進されたことが明らかになり，子どもたちが満足していることがうかがえた。

課題としては，同じ学級で3ヶ月も過ごしているのだから，互いの関係が深まっているであろうという教師側の思い込みがあったことに気づかされた。子どもたちどうしが直接関わり合うという体験をもっと早い時期から取り入れていけば，子どもたちにとって安全な居場所づくりにつながり，この財を実施するきっかけとなった問題は起こっていなかったのではと考えられる。

財実施に関しては，最終的には，全員が記述できたが，自分や友だちのありように焦点を当てたふりかえり項目に何を書いていいかわからずに書き始めるまでに時間がかかったり，教師からのアドバイスが必要だったり，かなりの個人差が見られた。ふだんから，具体的に観る視点がもてるよう，子どもたちに関わっていく必要性を感じた。

※以下に本授業の指導案を載せるので参考にしてください。

学級活動指導案

指導者　○○　　○○

- ■日　　　時　　平成20年7月14日（月）　　第○校時
- ■学年・組　　　第5学年○組（31名）
- ■学級活動　　　内容（2）　ウ　望ましい人間関係の育成
- ■題材設定について

〈子どもの実態〉

- ○気持ちの優しい子が多く，困っている友だちがいると声をかけ手伝う場面が多く見られる。
- ○違う行動をする友だちに対して，その真意を悪く捉えて優しくない言葉をかけてしまう場面も見られる。
- ○友だちに対して不親切なわけではないが，より積極的に友だちに関わる姿まではなかなか見られない。
- ○ちょっとした言葉に傷つきやすい子，日本語が不得手な子，気持ちは優しいが言葉が乱暴な子など，支援が必要な子も数名いる。
- ○話し合い活動の経験を積んでおり，互いの意見をしっかり聴き合う態度ができている。
- ○友だちと向き合い，互いの気持ちまで理解し合うようなコミュニケーションの経験を，あまりしていないようである。

〈教師の願い〉

- ○学級目標「太陽のようにかがやくクラス」のようなクラスになってほしい。
- ○自分の気持ちに目を向け，その気持ちを素直に言葉にできるようになってほしい。
- ○友だちに関心をもって積極的に関わる気持ちをもってほしい。
- ○自分のよさや友だちのよさを見つけ，互いの違いを認め合い，自分らしさや友だちらしさを感じられるようになってほしい。
- ○互いに思いやりをもって，優しい言葉かけや友だちに対する行動がとれるようになってほしい。
- ○子ども一人ひとりにとって学級（学級の友だち）がより安心できる場になってほしい。

題材名「いわれてうれしい言葉」

〈題材のねらい〉

◎本活動のなかで，他者と関わりながら，自分のなかで起こるいろいろな気持ちに気づく。

○今までの自分の経験をふりかえり，仲間から言われてうれしい言葉を思い出す。

○相互に意見を出し合い，聴き合い，取り入れながら決定する過程を体験する。

〈題材設定の意図〉

　子どもたちに4月に出会ってから3ヶ月，宿泊野外学習も含め，いっしょの時間を過ごしてきた。この3ヶ月をふりかえってみると，

- ・高学年になり，委員会活動が始まったり，宿泊野外学習に向けた学年活動があったり，忙しくなかなか学級としてゆっくり過ごす時間をもつことができていない。
- ・全般的にはどの子も優しく，困っている友だちがいれば，声をかけ，手伝う姿が見られるが，表面的な関わりで終わってしまうことが多く，すべての子どもが学級のなかに居場所を見つけられていない実態がある。

というような課題が見えてきた。そんななか，人権を尊重できないような問題が起こってしまった。子どもたちは，善悪について理解しており，起こった問題に対して，真摯に受けとめる態度やもう二度と起きてほしくないといった言葉が表された。反面，友だちを疑ってしまうような思いも感じられた。

　夏休み直前，自分の気持ちに目を向けること，気持ちについて他者と思いや考えを伝え合うことが互いの距離を縮め，気持ちよく心がホッとするということを，体験を通して感じてほしいと考え，本題材の実施を考えた。それぞれのこれまでの体験から「いわれてうれしい言葉」について意見を交わし合いながら，互いの気持ちを知り合ってほしいと考える。

　また，本時の活動のなかで交わされるやりとりのなかにも，さまざまな気持ちが自分のなかに起こることや，友だちとのうれしい関わりがあることに目を向けられるような支援をしていきたい。

■本　　時

⑴　ねらい

◎本活動のなかで，他者と関わりながら，自分のなかで起こるいろいろな気持ちに気づく。

○今までの自分の経験をふりかえり，仲間から言われてうれしい言葉を思い出す。

○相互に意見を出し合い，聴き合い，取り入れながら決定する過程を体験する。

⑵　本時展開

子どもの活動	関わり（・）と支援（☆）の手だて
1　本時のねらいを知る。	・子どもたちと過ごした時間のなかで体験したこと，感じたことから，この授業設定に至った思いを伝える。
2　課題と活動の流れを知る。	・〈課題シート（個人決定）〉を配り，読み上げる。質問も受ける。 ☆日本語の不得手な子がいるので，その子の様子を観ながら，読む。必要であれば，個人的に働きかける。
3　実習に取り組む。 ①　選択肢のなかから友だちから言われてうれしい言葉を4つ選ぶ。またその理由も考え，メモする。	・それぞれの進み具合を机間巡視する。 ☆書けないでいる子どもには，書けないで困っていると決めつけて関わるのではなく，困っているのかどうか，手伝いが必要なのか問いかける。
②　グループになり，それぞれ選んだ言葉を発表し，一覧表をつくる。	・一斉指示で一覧表づくりを行う。
③　グループで話し合うときのルールを知る。 ④　ルールを守りながら，グループで話し合い，グループ決定する。	・それぞれの進み具合を机間巡視する。困っていると声をかけられたときは，それに応じる。 ☆声をかけられたら，すぐ結論を出すのではなく，何がどう困っているのか，具体的な質問をすることで，できるだけ自分たちで解決できるように関わる。
⑤　グループごとに決定した言葉を発表する。	
4　実習中のことをふりかえり，わかちあう。 ①　それぞれ，実習中の自分のこと，グループのこと，友だちのことを思い出し，〈ふりかえりシート〉に記入する。	・それぞれの進み具合を机間巡視する。 ☆書けないでいる子どもには，困っているのかどうか，どのように困っているのか問いかけ，自己解決することを尊重したい。
②　〈ふりかえりシート〉に書いたことをグループでわかちあう。	・机間巡視しながら，そこで話されている内容，話し合う子どもたちのありさまなどを観る。
5　本時のまとめ	・活動中の子どもたちの様子から，わたしが体験したことを入れた話をする。

⑶　評　　価

○本活動での自分の体験が表現できる（〈ふりかえりシート〉）。

○自分の経験を思い出し，「いわれてうれしい言葉」が決められる（〈個人決定シート〉）。

○自分の意見（個人決定）がもて，グループ内で発表できる（実習中の様子）。

○グループでの話し合いに参加し，他者と関わろうとしている（実習中の様子）。

遠足のグループ活動を中心とした実践

(1) 財　　名
「はたをつくろう」（p. 38参照）
「公園のひみつをさぐれ」（p. 110参照）
「ありがとうをつたえよう」（p. 102参照）

(2) 子どもの実態
［実施時期］
　10月，学年遠足
［実施対象］
　3年生，遠足のグループで1班4～5名
［GWTの経験］
　1年生のときは「はたをつくろう」，2年生のときは「はたをつくろう」と「ありがとうをつたえよう」を経験している子どもたちである。しかし，クラス替えもしているので，活動やふりかえりの経験は同じではない。

(3) 教師の意図
　校外に出る遠足の活動は，子どもにとって主体的に行動したり，協力したりしやすい活動である。しかし，教師側が意図して活動を設定をしていかないと休み時間と同じような気が合う子どもどうしの活動になってしまったり，グループ活動でうまくいかない場面が出てきてしまうことがある。
　そこで，毎年行われる遠足の活動にGWTを取り入れたり，今までも行われていた活動をGWT的に行っていくことが有効だと考えた。

(4) GWT財設定の意図
　それぞれの財のねらいは，以下の通りである。
「はたをつくろう」
　・声をかけ合いながら，みんなで活動する楽しさを味わう。
　・遠足に向けて，このグループで協力していこうとする気持ちをもつ。
「公園のひみつをさぐれ」
　・みんなで協力して，課題を達成する喜びを味わう。
　・情報をわかりやすく伝える。
「ありがとうをつたえよう」
　・互いのよさやがんばりを見つけ合い，それを伝え合うことができる。

・友だちから見た自分を知り，自分のよさを確かめ，自信をもって生活しよう
　　　とする気持ちをもつ。

(5)　成果と課題
　①　「はたをつくろう」
　　　旗づくりのルールを確認して進めた。これまで，1，2年生のときに経験をし
　ている子どもも多いので，子どもも見通しをもって簡単な説明で始められた。
　　　しかし，今回は20分間では完成に至らなかった。その理由として，班の名前
　や旗に何をかくかということを決めるのに時間がかかったことがある。少なくと
　も班の名前を決めておくことが必要であった。
　　　1年生のときは動物園に行くので動物の名前，2年生のときは水族館に行くの
　で海の生き物の名前というように範囲が決まっていたり，子どもが好きな生き物
　は一致しやすいということがあった。今回は，公園ということでイメージが一致
　しなかったようである。つけた名前を見ると，秋の公園に行くというイメージで
　つけている班があるので，今回も「秋の公園」というテーマで考えさせる方法も
　あったように思う。

今回決めたグループ名
・クワガタグループ ・鳥グループ ・ミツバチグループ ・犬グループ ・ジャングル5はん ・動物大すきはん ・もみじ ・しぜんはん ・ぞうはん

　　　ルールを守って必ず全員がかくということはできていた。
　　　〈ふりかえりカード〉にはそれぞれの子どもの名前が1回は記入され，
　自由記述の欄には，遠足に向けて「この班でなかよく行けそう」とい
　うような記述も見られた。
　　　遠足の当日は，集合するときにこの旗を掲げて班ごとに並ぶことが
　できた。また，グループごとに旗を見せながら写真を撮った。ビニー
　ルシートは使わないときには，ポケットにしまっておけるという利点
　がある。交通機関を使うときには，棒をつけた旗はじゃまになること
　があるので，たためるものが便利である。

　②　「公園のひみつをさぐれ」
　　　遠足で公園に着いた後の午前中の活動は，グループごとに協力をして課題を解
　くという活動をした。子どもたちはとても楽しんで活動をすることができ，次の
　ような口頭のふりかえりでもほとんど手が挙がっていた。
　・やくそくを守って，言葉で話して伝えられた人？
　・楽しく活動できた人？
　・これからお弁当を食べたり，遊んだりしますが，このあとも班の人と協力して
　　活動できそうな人？
　　　課題はその場所へ行けばわかるものであったが，初めての場所で地図を見ても
　なかなか☆の場所を探すことができずにすべてのポイントを回ることのできない
　グループが多くあった。☆と問題番号を対応させると班で分かれて探しに行った
　り，話し合いが減ってしまったりすると考えていたので☆には番号を付けなかっ
　た。

問題1の立て札

問題1
　ここの木のところにあるふだに書いてある字は何でしょう。
　○○○○○桜の女王　来園記念樹

問題2
　ここにある木の名前は何でしょう。（5文字）

問題3
　いくつか道具がおいてあります。だれがひっぱる道具でしょうか。
　　○用農作業機

問題4
　1998年3月9日に生まれた馬の名前は何でしょう。

問題5
　この橋のおよその長さは，つぎのうちのどれでしょう。
　① 5m50cm　　② 6m　　　③ 6m50cm
　④ 7m　　　　⑤ 7m50cm　⑥ 8m

　　ポイントのそばに行っても，はっきりとこの場所ということが特定できなかったので，問題に写真を添えるという方法も考えられる。公園内を1周する道があるので，その道を通ると必ずポイントを通るようにして，場所の特定をわかりやすくする方法もある。

　　橋の長さを予想する場所では，近くに巻き尺をのばして置いておいたので，それを参考に考えるようにしたが，橋のどこからどこまでを測るかを明確にしておくとさらによいと思った。

③　「ありがとうをつたえよう」

　　撮った写真は，〈ふりかえりカード〉の裏に印刷をし，次の日のふりかえりに活用した。ハートや星の形をした付箋に，班のメンバーに手紙を書いて交換し合った。配るときには，4人グループなら1枚の紙に3人分の付箋を担任が貼っておくとよい。どの付箋に誰あての手紙を書くかということも大切なので，「自分があげたいからではなく，相手がこの形をもらったら喜んでくれそう，ということを考えて選びましょう」と話をした。

　　書く言葉としては，「〜してくれてありがとう」などと具体的な行動の言葉を書くように促した。言葉が思いつかない子どもには，それぞれの遠足の係の仕事をしていることをイメージして書いたり，一緒にして楽しかったことを書いたりするように伝えた。

　　書き終わってもまだ渡さないように指示をしたので，書き終わった子どもは裏の余白に遠足の絵を描いて待っていた。

黒板に書いた手紙の渡し方を説明した。一つの班に出てきてもらって，手本を示した。

　その手紙を交換して互いに自分の紙に貼りつけてその下に感想を書いた。2年生のときに比べて，手紙をもらってうれしかったことや内容についての感想を書けるようになり，自己肯定感が高まっているような反応が見られた。経験を重ねていることもあるが，3年生という年齢になると，ふりかえりにじっくり取り組めるのだと感じた。

〈もらった手紙〉
　「みんなのけんこうを考えてバンドエイドをもってきてくれてありがとうございます」
　「みんなに気をつかってくれてありがとう」
　「はんのみんなのしんぱいをしてくれてありがとう」
　「『まって』ていったらまっててくれてありがとう」
〈手紙をもらっての感想〉
　「友だちが『まってー』と言ったときにまてたんだなあと思いました。遠足でみんなでこうどうできて，すごく楽しかったです」
〈担任のコメント〉
　「なにげなくしたことをみんなが見ていてくれてうれしいですね」

学年行事と組み合わせた実践

(1) 財　名

「フォトラリー　関内編」(『学校グループワーク・トレーニング3』p.101「フォトラリー　子ども自然公園編」参照)

(2) 子どもの実態

［実施時期］

2月中旬（社会見学地に着くまで）

［実施対象］

第5学年82名

［GWTの経験］

1組は，年間を通して1〜2ヶ月に1回程度，GWTを経験。2・3組は，日常の経験はなし。7月中旬に行った宿泊移動教室では，学年全体でフォトラリーを経験した。

学年全体として穏やかな雰囲気をもっており，優しく正直である。もめごとは少なく，仲がよい。年間を通して学級の区別なくグループや実行委員会を組織し，全員が一度はリーダーの経験ができるように学習を組み立てた。しかし，学習場面に限らず生活面においても，意見にくいちがいが出たときに，ある程度は話し合えるが，コンセンサスを得ないまま諦めてしまうことがあった。

(3) 教師の思いや願い

複数の人間で何かをするとき「協力しよう」ということばが，子どもたちの口からよく出てくる。自己中心的な行動に対して，やめてほしいと指摘することはできても，具体的にどうすることが協力なのかを言えない子が多い。どんな小さなことでも集団に貢献することはできるので，自分にできることを探して，全員が何かの役割を担えるようにしてほしい。そして，相手が協力してくれたことにも気づけるようになってほしい。

(4) GWT設定の意図

7月に行った宿泊移動教室は，班や係で協力して行う活動が中心である。協力の必要性を再確認し，その後の活動に主体的になってほしいと考え，最初のプログラムにフォトラリーを実施した。時間的な制約があり，中心になる活動が次に控えていたので，ふりかえりをすることができなかった。

社会見学ではNHK横浜放送局に行く前に実施することにした。街中を歩くに

関内から「山下公園」へ

[やり方]

・裏が赤いカード，青いカード，黄色にQのついたカードの3種類があります。だれもが3種類の
　カードが持てるように，裏返しにしたまま配ります。全部で30枚あります。

・写真に出てくる「ピンクの帽子の案内人」が向かう方向へ進みます。

・交差点に来たら，カードをさがしましょう。

・進む方向を相談し，班全員が納得してから歩きましょう。

・Qカードの写真のなかにあるクイズに答えながら，進みます。答えは，Qカードを持っている人
　が覚えておきます。

[やくそく]

・写真は，配られた人しか見ることができません。

・写真の内容は，言葉で伝えます。

・時間は60分間です。60分以内に山下公園にたどりついてください。

[ヒント]

・1〜8までの写真は順番通りになっていますが，それ以外はばらばらになっています。

・次の写真の場所までは，今の道をまっすぐ進みます。

※走らなくても間に合います。景色を見ながら，仲良く楽しんでね。

赤いカード

青いカード

黄色にQのついたカード

は，宿泊移動教室施設付近とは違う難しさがある。学年が終わりに近づき，協力することの意味をもう一度考えてほしかったので，ふりかえりの時間も設定し実施した。

(5) 実施内容

「フォトラリー　子ども自然公園編」では，練習コースを設けている。しかし，実際には付添教師の人数が決まっているのでその余裕はない。そこで，グループ全員がカードの見方を理解することができるように，大きい写真で説明した。また，始めの方のカード（赤いカード）に番号をうった。番号通りに見ればよいので，持っているカードの枚数に関係なく集中して写真を見ることができる。一人1枚は渡るようにした。また，早いうちにカードを使い果たしてしまうとおもしろくないので，問題のついたカード（Qと書いたカード），番号のない道順のカード（青いカード）もばらけるように工夫した。

ここまでは，宿泊移動教室と同じだが，関内では交通安全に留意しなければならない。交差点すべてに写真を用意し，交差点でのみ写真を見て道を探すようにした。また，「20分歩いても付き添いの先生に会わなかったら，前に会った先生のところまでもどること」という約束もつくり，迷わないようにした。問題は，横浜の歴史にふれられるようにし，早くゴールしたグループのための問題もつくった。

(6) 成果と課題

安全に留意し，迷いながらも全グループがゴールした。とても楽しかったようだ。以下は，〈ふりかえりシート〉からの抜粋。
・「あった」の声がよく響き，通り過ぎずにすんだ。よくわかった。
・みんながヒントをよく出したり，教え合ったりした。
・みんなで，どこへ行くか話し合いができた。
・みんな「ここの写真ある人」と聞いて，確実にわかった。
・「かまめし」というカードがあって，それを見つけたけど，角度がちがうなって思った。Sさんが「ほかにはないの」って聞いてくれたから，それが別のところだとわかった。
・Yさんが「集まって」と言ってくれて，協力できたなあと感じた。
　ふりかえりの時間は，屋外でグループごとに発表し合っただけだったので，全体でわかち合ったり成果を確認したりするには，もう少し時間が必要である。しかし，知らない街中を子どもだけで緊張して歩いてきたことを思うと，ふりかえりまで集中して取り組ませることは子どもにとって負担だとも考えられる。その後に昼食をとって社会見学をするので，全員が目的地に到達したという経験だけで十分なのかもしれない。

付．機能的リーダーシップ

　グループの話し合いのとき，グループのメンバーの一人ひとりが，適切で効果的な行動をとることが大切です。このとき一人ひとりが担うべき役割を大きく2つの機能に分類したものが「機能的リーダーシップ」です。話し合いをふりかえるとき，この機能的リーダーシップの観点でふりかえるとよいと思います。

　機能的リーダーシップの機能には「課題達成機能」「集団維持機能」の2つがあります。

1．課題達成機能（Performance機能，P機能）

　「グループが取り組んでいる課題をうまく解決できるようにする働き」である。
　これは「情報や意見を引き出す働き」「意見をまとめて，結論を出す働き」「役割分担」の3つに区別できる。

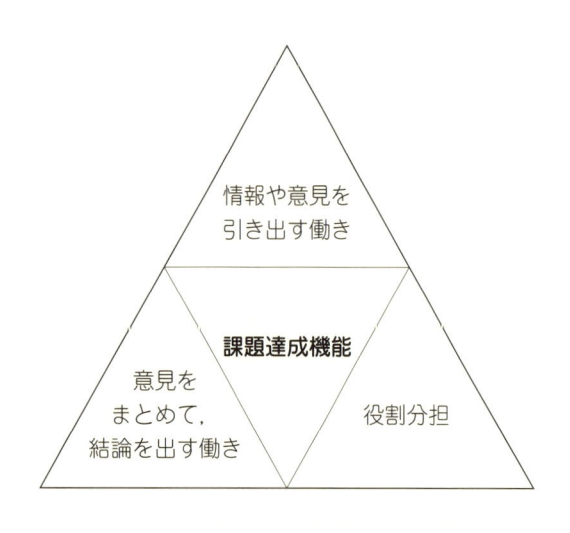

PA．情報や意見を引き出す働き
　① 話し合いの目的をはっきりさせたり，話し合いの進め方を決める。
　② 課題についての情報を出し合い，全体の様子（状況）や条件についてメンバー全員が理解する。
　③ 課題を解決するのに役立つ新しい意見や解決の方法を，みんなから出してもらうように働きかけたり，自分も意見を出したりする。
　④ 課題を解決するのに役立ちそうな自分の体験や自分の知っていること（知識・情報）を話したり，みんなにも話してくれるように働きかける。
　⑤ みんなが出した意見の一致するところを確認する。
　⑥ 話し合いが行きづまったとき，話し合いのすすめ方について別のやり方を提案する。
PB．意見をまとめて，結論を出す働き
　⑦ 課題を解決する方法を，すじみちを立てて考え，話が脱線することのないように努める。
　⑧ いろいろくい違う意見が出たとき，どこが違うのか，なぜ違うのかをはっきりさせる。

⑨　話し合いのすじみちがよくわからなくなったとき，それまで話し合ってきたことの中心になっていること，いちばん大切なところをはっきりさせる。

⑩　いろいろ違った意見が出たとき，多数決で決めないで，違った意見を何とかひとつにまとめて，全員が納得できる結論を出す。

PC．役割分担

⑪　話し合いの進行をする司会者の役割をする。

⑫　話し合っていることの記録をとる。

⑬　時間どおりに終わるよう気を配る。

2．集団維持機能（Maintenance機能，M機能）

「グループのメンバーが互いに気持ちよく協力し合えるように気を配る働き」である。これは「気持ちよく意見が言えるように気くばりする働き」「意見を言わない人に気くばりする働き」「意見を言い張る人に気くばりする働き」にわけられる。

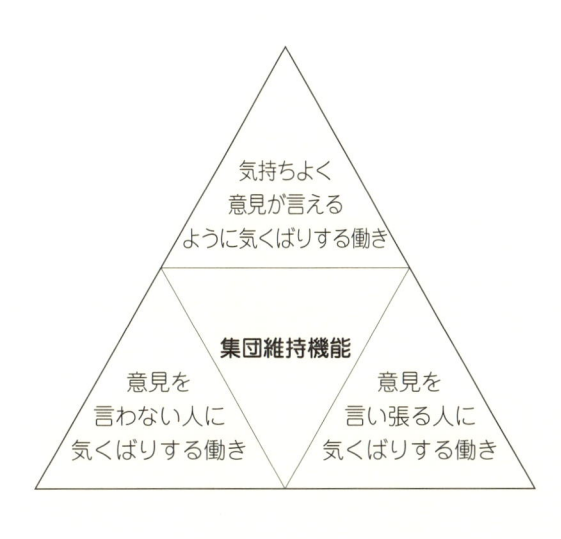

MA．気持ちよく意見が言えるように気くばりする働き

①　誰かが発言したら相づちを打ったり，その人の考え方をほめたり，もっと話すように元気づける。

②　発言の意味がよくわからないときは質問して，その人の考えを理解しようとする。

MB．意見を言わない人に気くばりする働き

③　緊張してかたくなったり，気おくれして（引っ込み思案で）なかなか意見が言えない人に声をかけて，意見を言いやすくしてあげる。

④　グループの中でひとりぼっちになっている人や，関係ないことをしている人がいたら，声をかける。

MC．意見を言い張る人に気くばりする働き

⑤　互いに意見を言い張ってゆずらないとき，言い張ることをやめさせたり，ゆずらせたりして話をまとめる。

⑥　互いに気分をこわしている人がいて，グループの緊張がまずくなったとき，みんなの気持ちをやわらぐようにとりなしたり，ユーモアを言って笑わせたりする。

日本学校GWT研究会

研究会の目的

　　日本学校GWT研究会は，成人を対象として開発され，さまざまな分野で利用されてきたGWTの有効性を認め，GWTを学校教育の中に取り入れていくことで，個人の成長・集団の成長・よりよい人間関係づくりの一助となることを目的とし，発達段階に応じた学校GWT財の研究・開発をしています。

研究会の活動

　　この会が発足して25年になります。毎月1回の定例会では，財体験・実践報告・財づくり・講習会準備・読書会などをしています。また，講習会，財づくり合宿のほか，特別活動・教育相談・人権教育・ジュニアリーダー・シニアリーダー・学校レクリエーションなど，さまざまな分野への講師派遣を行っています。

会員名簿（2003 〜 2009年度）

石原由紀子	秦野市立渋沢小学校
神田　敏之	横浜市立東台小学校
木村　綾子	横浜市立文庫小学校
木村　元子	野田市立岩木小学校
國武　恵	南山大学大学院人間文化研究科教育ファシリテーション専攻
高橋あつ子	早稲田大学大学院教職研究科
田中三香子	川崎市立小倉小学校
佐藤　安世	横浜市立一本松小学校
西谷　智子	大和市立大和東小学校
森山　明	横浜市三ツ沢公園青少年野外活動センター
湯浅　治美	横浜市立汐見台小学校
渡辺　晃世	チャイルドマインダー

制作協力

2004年8月講習会参加者のみなさん

※この作品は，2014年3月に株式会社遊戯社より刊行されたものです。

学校グループワーク・トレーニング4

2018 年 10 月 20 日　初版第 1 刷発行　［検印省略］
2023 年 4 月 20 日　初版第 4 刷発行

著　　者　　日本学校グループワーク・トレーニング研究会©
発行人　　則岡秀卓
発行所　　株式会社 図書文化社
　　　　　〒 112-0012　東京都文京区大塚 1-4-15
　　　　　Tel.03-3943-2511　　Fax.03-3943-2519
　　　　　振替　00160-7-67697
　　　　　http://www.toshobunka.co.jp/
印刷・製本　　株式会社平文社

学校グループワーク・トレーニングの本